ALTDEUTSCHE TEXTBIBLIOTHEK

Begründet von Hermann Paul
Fortgeführt von Georg Baesecke und Hugo Kuhn
Herausgegeben von Burghart Wachinger

Nr. 95

Der Heliand

Studienausgabe in Auswahl

herausgegeben von
Burkhard Taeger

MAX NIEMEYER VERLAG TÜBINGEN

1984

Aus: Heliand und Genesis

Herausgegeben von
Otto Behaghel

9. Auflage
bearbeitet von
Burkhard Taeger

(= ATB Nr. 4)

CIP-Kurztitelaufnahme der Deutschen Bibliothek

Der *Heliand* / hrsg. von Burkhard Taeger. – Studienausg. in Ausw. – Tübingen : Niemeyer, 1984.
(Altdeutsche Textbibliothek ; Nr. 95)
NE: Taeger, Burkhard [Hrsg.; GT

ISBN 3-484-20003-0 kart. Ausgabe · ISBN 3-484-21104-0 geb. Ausgabe
ISSN 0342-6661

Printed in Germany.
Satz und Druck: Allgäuer Zeitungsverlag GmbH, Kempten (Allgäu)

Inhalt

Einleitung

1. Zum ‚Heliand' (und zur ‚Altsächsischen Genesis') finden sich die jüngsten zusammenfassenden Darstellungen im Handbuch zur niederdeutschen Sprach- und Literaturwissenschaft[1] und in der 2. Auflage des Verfasserlexikons.[2] Ansätze der neueren Forschung stellen sich dar in dem Sammelband ‚Der Heliand';[3] zur weiteren Literatur ist die Bibliographie von J. Meier[4] zu vergleichen. Im übrigen steht zur weiteren Information über Einzelheiten, auch der Ausgabe, noch die Einleitung der dieser Auswahl zugrundeliegenden Gesamtausgabe von ‚Heliand' und ‚As. Genesis' zur Verfügung (ATB 4).[5]

In der großen Ausgabe findet sich auch ein Wortverzeichnis zum Gesamtwortschatz von ‚Heliand' und ‚Genesis'. Darüberhinaus sind als Hilfsmittel in erster Linie noch zu nennen die Wörterbücher von Sehrt und Ilkow, des weiteren die (freilich methodisch überholte und recht unhandliche) Darstellung der ‚Heliand'-Syntax durch Behaghel, endlich die Verzeichnisse der poetischen Formeln in der Ausgabe von Sievers.

2. Der ‚Heliand' ist in zwei Handschriften und drei Fragmenten überliefert; vier der fünf Textzeugen stammen aus der Mitte/2. Hälfte des 9. Jahrhunderts und bezeugen damit ein reges Interesse der Zeit unmittelbar nach der Entstehung der Dichtung.[6] Jedoch ist dem Werk eine längere Tradition

---

[1] W. Huber, Altniederdeutsche Dichtung, in: G. Cordes – D. Möhn (Hrsgg.), Handbuch zur niederdeutschen Sprach- und Literaturwissenschaft, [Berlin 1983], S. 334 – 350.

[2] Zum ‚Heliand' ²III (1981), Sp. 958 – 971.

[3] J. Eichhoff – I. Rauch (Hrsgg.), Der Heliand, Darmstadt 1973 (WdF 321).

[4] In: J. Belkin – J. Meier, Bibliographie zu Otfrid von Weißenburg und zur altsächsischen Bibeldichtung (Heliand und Genesis), [Berlin 1975] (Bibliographien zur deutschen Literatur des Mittelalters 7).

[5] Dort auch die einschlägige Literatur. – In ATB 4 sind gegenüber dieser Auswahl zwei kleinere Versehen zu berichtigen. Jeweils im Apparat ist dort zu lesen, zu v. 382 richtig *krebbian* S, und zu v. 693 *morgana* S. – Man beachte im übrigen auch die Berichtigungen gegenüber der jüngsten Forschung, die ATB 4, S. XXX ff. zusammengefaßt sind.

[6] Die Überlieferung des ‚Heliand' wird in einer umfassenden Facsimile-Auswahl mit ausführlicher Einleitung dargestellt: B. Taeger (Hrsg.), Der Heliand. Ausgewähl-

nur in England beschieden gewesen, wo die vollständigste Handschrift, C, in der 2. Hälfte des 10. Jahrhunderts geschrieben worden ist. Ebenfalls aus dem 10. Jahrhundert stammen Benutzungsspuren (zwei lateinische Randnotizen) in der Hs. M.

Aus einer heute verlorenen, im 16. Jh. noch vorhandenen Handschrift stammen ‚Praefatio' und ‚Versus de poeta', die erhalten sind durch den Abdruck bei M. Flacius Illyricus, Catalogus testium veritatis, 2. Auflage, Straßburg 1562.

Der ‚Heliand' ist uns nicht vollständig überliefert; auch in C fehlt der Schluß der Dichtung, der immerhin aus einem einzeln am Schluß von Hs. M stehenden Halbblatt erschlossen werden kann. Die erhaltenen Textzeugen sind:

Die zwei Handschriften M und C:

M (München, Bayer. Staatsbibl., cgm. 25, aus der Dombibliothek Bamberg; 74 erhaltene Blätter, dazu das erwähnte Halbblatt); nach B. Bischoff um 850 von mindestens zwei Schreibern in Korvey geschrieben. M zeigt zahlreiche Lücken.

C (London, Brit. Library, Cotton Caligula A. VII, im ‚Heliand'-Teil 165 beschriebene Blätter umfassend); nach R. Priebsch und N. Ker in der 2. Hälfte des 10. Jahrhunderts von einem Angelsachsen in Südengland geschrieben. Die Handschrift hat u.a. an zwei Stellen (zu v. 72ff. und zu v. 3780ff.) marginal zum as. Text etwa gleichzeitige, lateinische Hinweise auf die einschlägige Perikope.

Ein fragmentarisch erhaltenes Exzerpt:

V (zusammen mit den Exzerpten aus der ‚As. Genesis' in die vatikanische astronomisch-kalendarische Sammelhandschrift Palat. Lat. 1447, u. zw. das ‚Heliand'-Fragment auf fol. 27^r und 32^v eingetragen). Die im frühen 9. Jahrhundert geschriebene Handschrift stammt aus Mainz; die as. Exzerpte sind etwa im 3. Viertel des Jahrhunderts eingetragen, jedoch nicht in lokalisierbarer Buchschrift, sondern mit Einflüssen aus der Urkundenschrift. V überliefert die vv. 1279 – 1358 (Anfang).

Die beiden Fragmente P und S:

P (ursprünglich Prag, jetzt Berlin/DDR, Museum f. dt. Geschichte, R 56/2537; ein Einzelblatt, vom Einband eines 1598 in Rostock gedruckten Bu-

---

te Abbildungen zur Überlieferung. Mit einem Beitrag zur Fundgeschichte des Straubinger Fragments von Alfons Huber, Göppingen [im Erscheinen] (Litterae, Nr. 103).

ches abgelöst). Um oder nach 850 geschrieben, mit den vv. 958 – 1006 (Anfang).

S (z. Z. deponiert in der Bayer. Staatsbibl. München, o. Sign.; abgelöst vom Einband einer zuerst für Stift Millstatt/Kärnten nachweisbaren Schedelschen Weltchronik (Nürnberg 1493), die jetzt der Staatl. Bibliothek am Joh.-Turmair-Gymnasium Straubing gehört. Oberes und unteres Drittel des äußeren und alle drei Drittel des inneren Doppelblattes des 2. Quaternio der ursprünglichen Handschrift). Geschrieben um oder kurz nach 850, überliefert es die vv. 351 – 60, 368 – 84, 393 – 400, 492 – 582, 675 – 83, 693 – 706, 715 – 22.

Trotz mehrfacher textkritischer Komplikationen ergibt sich aufs ganze gesehen eine ausreichende Bestätigung für den Stammbaum, den Baesecke 1920 vorgeschlagen hat (um S ergänzt):

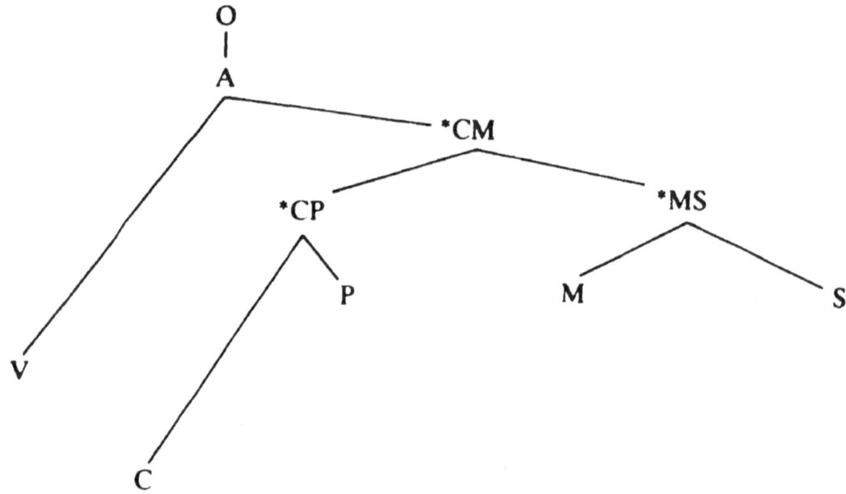

3. Der Text des ‚Heliand' ist in Abschnitte gegliedert überliefert. Am ausgeprägtesten ist diese Einteilung in der Hs. C, wo zu der Gliederung in Fitten (so die Bezeichnung der ‚Praefatio') deren durchlaufende Zählung hinzutritt. Diese ist innerhalb der ‚Heliand'-Überlieferung in C singulär und wohl aus ags. Tradition abzuleiten. Die Abschnittgliederung selbst hingegen ist (im einzelnen z. T. abweichend) auch in der Hs. M und im Fragment S bezeugt; indirekt spricht auch das Fragment V für ihre Ursprünglichkeit. P erstreckt sich über eine zu kurze Strecke, um mitsprechen zu können.

Die Überlieferung bietet mehrere Hinweise auf die Funktionen, in denen das Werk in seiner Zeit gestanden hat. Sie deuten auf mündlichen Vortrag in der erbaulichen Lesung. Auch Aussagen der ‚Praefatio‘ lassen sich ungezwungen in diesem Sinn deuten. Die jüngste Zusammenstellung solcher Gebrauchszusammenhänge, die auch den ‚Heliand‘ einbezieht, stammt von U. Schwab, die zu den denkbaren Gebrauchsbezügen der Lesung in monastischen oder Stiftsgemeinschaften (Tagzeitenlesung, Tischlesung, Lesung im Kapitel) noch die Lesung bei den Mahlzeiten der „Schüler“ hinzufügt.[7]

Auf mündlichen Vortrag in einem Rezitationston verweisen außer den vielen Akzenten, die sich in M, S und V über dem Text finden, v.a. die Neumen, die in M über den Versen 310 – 313 (Anfang) überliefert sind. Die Befunde sind damit denen der Otfrid-Überlieferung völlig analog, wobei aber im ‚Heliand‘ die Verbindung der musikalischen Darbietung mit den Erfordernissen des Stabreimverses ein interessantes Formproblem geboten haben wird. Es scheint in der Fassung von V etwas anders gelöst gewesen zu sein als in denen von M und S (Schwab).

In C sichern den Gebrauch im Zusammenhang mit den geistlichen Lesungen nicht nur die beiden erwähnten Randnotizen, sondern u.a. auch die (wohl nur zufällig erhaltene) Markierung in Kreuzform nach v. 5782 a (Neueinsatz der Perikopenlesungen nach Schluß der Passionsgeschichte). V.a. aber steht wohl in C wie in M die besondere Auszeichnung des Fittenanfangs 54 zu dem System der Lesungen in Beziehung: der Stoff der Passionsgeschichte, die dort beginnt, wurde nicht in kleinere Perikopen aufgeteilt gelesen, sondern, in den Lesungen der Karwoche, im großen Zusammenhang rezipiert.[8]

4. Der Ausgabe, auf der die vorliegende Auswahl basiert, hat Behaghel, in Übereinstimmung mit den Untersuchungen von E. Sievers, für den ‚Heliand‘ die Hs. M zugrundegelegt, „in dem Sinne, daß in jedem einzelnen Fall die Fassung der beiden Handschriften gegeneinander abgewogen, aber die Lesung von M aufgenommen wurde, wenn sich keine innere Entscheidung treffen ließ“.

Die sprachlich-graphematische Gestalt des Textes ist die von M, soweit vorhanden, sonst die von C (lautliche und orthographische Varianten sind, außerhalb des linguistisch besonders gerechtfertigten synoptischen Abdrucks von S, in der Ausgabe nicht eigens erfaßt). Um den einschneidenden

---

[7] U. Schwab, Caedmons *carmen* – ‚*Deo suavis laudatio*‘, in: A. Ebenbauer (Hrsg.), Fs. E. Stutz, Wien [im Erscheinen]. Vgl. allgemein F. Ohly, Zum Dichtungsschluß *Tu autem, domine, miserere nobis*, DVjs. 47 (1973), S. 26 – 68, bes. 61. Vgl. auch B. Taeger, Das Straubinger ‚Heliand‘-Fragment. Philologische Untersuchungen I, PBB 101 (1979), S. 185.

[8] Vgl. die ausführliche Darstellung in der Einleitung der Facsimile-Auswahl.

Wechsel zwischen M und C deutlicher zu markieren, sind Asterisken in den Text gesetzt; diese stehen immer dann, wenn der Ausfall der Leithandschrift M den Umfang einer Langzeile überschreitet. Bei kürzerem Umfang (besonders bei Rasuren in M) tritt einfache Kursivierung des Textes ein. Asterisken stehen aber auch dort, wo durch das Hinzutreten eines weiteren Textzeugen die Textgrundlage nicht schmäler, sondern verbreitert und damit die Textherstellung komplexer wird.[9] Außerdem wird in der vorliegenden Auswahl zur besseren Orientierung, anders als in der Gesamtausgabe, auf die jeweils zugrundeliegende handschriftliche Überlieferung in den Seitentiteln hingewiesen.

Normalisiert ist im hergestellten Text regelmäßig nur insoweit, als für die dentale Spirans im Inlaut und Auslaut *đ/ð* gesetzt ist, für die labiale *ƀ* im Inlaut, *f* im Auslaut. Darüber hinaus hat Behaghel aber in einer ganzen Reihe von Einzelfällen ebenfalls Unregelmäßigkeiten der Schreibung normalisiert; da dies der Funktion der Edition als einer Studienausgabe entgegenkommt, wurde an diesem Gebrauch festgehalten und in solchen Einzelfällen auch weiterhin nach der Regel ausgeglichen, dabei aber stets die Lesung der Leithandschrift im Apparat verzeichnet. Ihre Grenze haben diese Eingriffe an zwei Punkten gefunden, nämlich einmal bei erkennbarer Unfestigkeit in ganzen grammatischen Kategorien (so wurde in den Präsens-Endungen des Verbums und denen des schwachen Part. Prät. immer die handschriftliche Lesung belassen, so bunt dadurch das Bild auch wurde); und zum anderen bei z. T. offenbar dialektal geltenden Nebenformen, die dann ihrerseits Eingang in das Wortverzeichnis der großen Ausgabe gefunden haben. Eine dem Studierenden dienliche zusätzliche Kennzeichnung ist die Quantitätsbezeichnung in Stammsilben; die Endungen blieben unbezeichnet, da es sich nicht sicher feststellen läßt, ob volle Endungen hier noch vorhanden waren. Ein besonderer Hinweis ist endlich noch für diejenigen Eigennamen nötig, deren Anlaut zwischen *E-* und *He-* schwankt *(Erodes, Ebreo)*. Bei *Erodes*, das auf *E-* stabt (daneben noch gelegentlich auf-*r*), wurde nach dem Ausweis der Allitteration die in M dominierende Schreibung *He-* zu *E-* geändert (dies wird durch die Schreibung *erodes* in S bestätigt, v. 548). Die entsprechende Regelung ergab sich für *Ebreo* von selbst.

[9] Jedoch ist in dieser Auswahl, die vorwiegend nach literaturwissenschaftlichen Gesichtspunkten getroffen wurde, V nur im Apparat berücksichtigt, P fehlt ganz (vgl. die Facsimile-Auswahl). – Asterisken werden übrigens auch noch bei Fittenziffern verwendet, die nicht am richtigen Platz überliefert sind; sie verweisen hier auf die zugehörige Anm.

Die Auswahl möchte den as. ‚Heliand' als ein in Ethos und dichterischer Gestaltung gleichermaßen hoch bedeutendes Zeugnis der Aneignung des Christentums durch die germanischen Völker im Frühmittelalter besser zugänglich machen. Sie möchte ebenso auf Glanzpunkte der dichterischen Darstellung in den ererbten Sprach- und Motivformeln besonders aufmerksam machen wie auf die große, innerhalb des ‚Heliand' freilich einmalige, Deutung in der für das Mittelalter charakteristisch werdenden allegorischen Auslegung erzählten Geschehens. Auch zu zentralen linguistischen Problemen des As. kann die Bereitstellung von Partien nach M(C), C bzw. S darüberhinaus einen Zugang bieten. Einen äußeren situierenden Rahmen gibt das unschätzbare zeitgenössische Zeugnis der lat. ‚Praefatio' mit den beigefügten ‚Versus', wohl ein Zeugnis der Aufbereitung für die intendierte Rezeption.

Abkürzungen

ATB 4 = Heliand und Genesis, hrsg. v. O. Behaghel, 9. Aufl. bearb. v. B. Taeger, Tübingen 1984 (Altdeutsche Textbibliothek 4)

Basler, Alts. = O. Basler, Altsächsisch, Freiburg i. Br. 1923

Behaghel, H. u. G. = O. Behaghel, Der Heliand und die altsächsische Genesis, Gießen 1902

Behaghel, Syntax = ders., Die Syntax des Heliand, Prag–Wien–Leipzig 1897. Neudr. Wiesbaden [1966]

Braune = K. Zangemeister – W. Braune, Bruchstücke der altsächsischen Bibeldichtung aus der Bibliotheca Palatina, Neue Heidelberger Jahrbücher 4 (1894), S. 205–294

Bretschneider, Heliandh. = A. Bretschneider, Die Heliandheimat und ihre sprachgeschichtliche Entwicklung, Marburg 1934 (Deutsche Dialektgeographie 30)

Bruckner, D. as. Gen. = W. Bruckner, Die altsächsische Genesis und der Heliand, das Werk eines Dichters, Berlin–Leipzig 1929 (Germanisch und Deutsch. Studien zur Sprache und Kultur 4)

Colliander = S. Colliander, Der Parallelismus im Heliand, Diss. Lund 1912

DPhiA = W. Stammler (Hrsg.), Deutsche Philologie im Aufriß, 2. Aufl. Berlin 1957–1969

Dümmler = E. Dümmler (Hrsg.), Poetae Latini aevi Carolini, II, Berlin 1884 (Monumenta Germaniae historica. Poetarum Latinorum medii aevi t. II)

Gallée, Gramm. = J. H. Gallée, Altsächsische Grammatik, 2. Aufl., Halle–Leiden 1910 (Sammlung kurzer Grammatiken germanischer Dialekte 6)

Gm. = Germania

Grau = G. Grau, Quellen und Verwandtschaften der älteren germanischen Darstellungen des Jüngsten Gerichtes, Halle (S.) 1908 (Studien zur englischen Philologie 31)

Grein = C. W. M. Grein (Hrsg.), Bibliothek der angelsächsischen Poesie, I. Göttingen 1857

Grein, Sprachschatz = ders., Sprachschatz der angelsächsischen Dichter, Göttingen 1861. 1864 (= dass., III. IV); u. Mitw. v. F. Holthausen neu hrsg. v. J. J. Köhler, Heidelberg 1912 (Germanische Bibliothek I, 4, 4)

Grimm = J. Grimm (Hrsg.), Andreas und Elene, Cassel 1840

Heinrichs, Studien = H. M. Heinrichs, Studien zum bestimmten Artikel in den germanischen Sprachen, Gießen 1954 (Beiträge zur deutschen Philologie 1)

Heusler, Versgeschichte = A. Heusler, Deutsche Versgeschichte, 2. Aufl., I, Berlin 1956 (Grundriß der germanischen Philologie 8/1)

Heyne = M. Heyne (Hrsg.), Heliand, nebst den Bruchstücken der altsächsischen Genesis, 4. Aufl. Paderborn 1905 (Bibliothek der ältesten deutschen Literatur-Denkmäler 2)

IF = Indogermanische Forschungen

Ilkow = P. Ilkow, Die Nominalkomposita der altsächsischen Bibeldichtung, Göttingen [1968] (ZfvglSpr., Erg.-H. 20)

Jellinek = M. H. Jellinek, Die Präfatio zum Heliand und die Versus de poeta, ZfdA 56 (1919), S. 109–125, bes. S. 118–124

Kock, Jaunts and Jottings = E. A. Kock, Jubilee Jaunts and Jottings, LUA. NF. I 14 (1918), Nr. 26

Kock, Streifzüge = ders., Kontinentalgermanische Streifzüge, LUA. NF. I 15 (1919), Nr. 3

Köne = J. R. Köne (Hrsg.), Heliand, Münster 1855

Lagenpusch = E. Lagenpusch, Das germanische Recht im Heliand, Breslau 1894 (Untersuchungen zur deutschen Staats- und Rechtsgeschichte 46)

Literaturblatt = Literaturblatt für germanische und romanische Philologie

LUA = Lunds Universitets Årsskrift (Acta Universitatis Lundensis)

MLN = Modern Language Notes

Müllenhoff = K. Müllenhoff (Hrsg.), Altdeutsche Sprachproben, Berlin 1864, 2. Aufl. 1871, 3. Aufl. 1878, 4. Aufl. bes. v. M. Roediger 1885

Nd. Jb. = Niederdeutsches Jahrbuch. Jahrbuch des Vereins für niederdeutsche Sprachforschung

Nd. W. = Niederdeutsches Wort

PBB = Beiträge zur Geschichte der deutschen Sprache und Literatur

Piper = P. Piper (Hrsg.), Die altsächsische Bibeldichtung (Heliand und Genesis) I, Stuttgart 1897 (Denkmäler der älteren deutschen Litteratur 1)

Quint = J. Quint, Textkritisches zur Verspräfatio des Heliand, PBB. (Tüb.) 85 (1963), S. 46–56

Ramat, Gramm. = P. Ramat, Grammatica dell'antico Sassone, Milano [1969] (Collana di filologia germanica [5])

Rieger, Leseb. = M. Rieger (Hrsg.), Alt- und angelsächsisches Lesebuch, Gießen 1861

Ries = J. Ries, Die Stellung von Subject und Prädicatsverbum im Heliand, Straßburg 1880 (QF 41)

Roediger = M. Roediger, Rez. v. E. Sievers (Hrsg.), Heliand, Halle 1878, AfdA 5 (1879), S. 267–289

Rückert = H. Rückert (Hrsg.), Heliand, Leipzig 1876 (Deutsche Dichtungen des Mittelalters 4)

Schatz = J. Schatz, Althochdeutsche Doppelformen schwacher Verba, in: Germanica, Fs. E. Sievers, Halle (S.) 1925, S. 353–379

Schlüter, Untersuchungen = W. Schlüter, Untersuchungen zur Geschichte der altsächsischen Sprache I, Göttingen 1892

Schmeller = J. A. Schmeller (Hrsg.), Heliand, poema Saxonicum . . ., Monachii, Stutgartiae et Tubingae 1830; II. 1840

Schönbach = A. E. Schönbach, Über die poetische Vorrede zum Heliand, in: Drei Prooemien W. Gurlitt überreicht, [Graz] 1904

Schwab = U. Schwab, Zur zweiten Fitte des Heliand, in: Mediaevalia litteraria, Fs. H. de Boor, München [1971], S. 67–117

Seebold = E. Seebold, Vergleichendes und etymologisches Wörterbuch der germanischen starken Verben, The Hague–Paris 1970 (Janua linguarum. Series practica 85)

Sehrt = E. H. Sehrt, Vollständiges Wörterbuch zum Heliand und zur altsächsischen Genesis, 2. Aufl. Göttingen [1966]

Sievers = E. Sievers (Hrsg.), Heliand, Halle 1878; Titelaufl. verm. um das Prager Fragment . . . und die vaticanischen Fragmente . . ., Halle (S.) – Berlin 1935 (Germanistische Handbibliothek 4)

Trautmann = M. Trautmann, Der Heliand eine Übersetzung aus dem Altenglischen, in: Bonner Beiträge zur Anglistik 17 (1905), S. 123–141

Vilmar = A. F. C. Vilmar, Deutsche Altertümer im Heliand als Einkleidung der evangelischen Geschichte, 2. Aufl. Marburg 1862

Wackernagel = W. Wackernagel (Hrsg.), Deutsches Lesebuch. I: Altdeutsches Lesebuch, 5. Aufl. Basel 1873

WdF = Wege der Forschung

Wilhelmy = E. Wilhelmy, Die Einleitungen der Relativsätze im Heliand, Diss. Leipzig 1881

Windisch = E. Windisch, Der Heliand und seine Quellen, Leipzig 1868

ZfdA = Zeitschrift für deutsches Altertum und deutsche Literatur

ZfdPh = Zeitschrift für deutsche Philologie

Præfatio in librum antiquum lingua Saxonica conscriptum

Cum plurimas Reipublicæ utilitates Ludouicus piissimus Augustus summo atque præclaro ingenio prudenter statuere atque ordinare contendat, maxime tamen quod ad sacrosanctam religionem æternamque animarum salubritatem attinet, studiosus ac devotus esse comprobatur hoc quotidie solicite tractans, ut populum sibi a Deo subiectum sapienter instruendo ad potiora atque excellentiora semper accendat, et nociva quæque atque superstitiosa comprimendo compescat. In talibus ergo studiis suus iugiter benevolus versatur animus, talibus delectamentis pascitur, ut meliora semper augendo multiplicet et deteriora vetando extinguat. Verum sicut in aliis innumerabilibus infirmioribusque rebus eius comprobari potest affectus, ita quoque in hoc magno opusculo sua non mediocriter commendatur benevolentia. Nam cum divinorum librorum solummodo literati atque eruditi prius notitiam haberent, eius studio atque imperii tempore, sed Dei omnipotentia atque inchoantia mirabiliter *actum* est nuper, ut cunctus populus suæ ditioni subditus, Theudisca loquens lingua, eiusdem divinæ lectionis nihilominus notionem acceperit. Præcepit namque cuidam viro de gente Saxonum, qui apud suos non ignobilis vates *habebatur,* ut vetus ac novum Testamentum in Germanicam linguam poetice transferre studeret, quatenus non solum literatis, verum etiam illiteratis sacra divinorum præceptorum lectio panderetur. Qui iussis Imperialibus libenter obtemperans nimirum eo facilius, quo desuper admonitus est prius, ad tam difficile tanque arduum se statim contulit opus, potius tamen confidens de adiutorio obtemperantiæ, quam de suæ ingenio parvitatis. Igitur a mundi creatione initium capiens, iuxta historiæ veritatem quæque excellentiora summatim decerpens et interdum quædam, ubi commodum duxit, mystico sensu depingens, ad finem totius veteris ac novi Testamenti interpretando more poetico satis faceta eloquentia perduxit. Quod opus tam lucide tamque eleganter iuxta idioma illius linguæ composuit, ut audientibus ac intelligentibus non minimam sui decoris dulcedinem præstet. Iuxta morem vero illius poëmatis omne opus per vitteas distinxit, quas nos lectiones vel sententias possumus appellare.

---

(14) actum *Flacius*[4] *(vgl. Quint)*] auctum *Flacius*.

(17) habebatur *Flacius*[3] *(vgl. Sievers)*] hahebatur *Flacius*.

Ferunt eundem Vatem dum adhuc artis huius penitus esset ignarus, in somnis esse admonitum, ut Sacræ legis præcepta ad cantilenam propriæ linguæ congrua modulatione coaptaret. Quam admonitionem nemo veram esse ambigit, qui huius carminis notitiam studiumque eius *compositionis* atque desiderii anhelationem habuerit. Tanta namque copia verborum, tantaque excellentia sensuum resplendet, ut cuncta Theudisca poëmata suo vincat decore. Clare quidem pronunciatione, sed clarius intellectu lucet. Sic nimirum omnis divina agit scriptura, ut quanto quis eam ardentius appetat, tanto magis cor inquirentis quadam dulcedinis suavitate demulceat.

Ut uero studiosi lectoris intentio facilius quæque ut gesta sunt possit invenire, singulis sententiis, iuxta quod ratio huius operis postularat, capitula annotata sunt.

---

(34) compositoris *Flacius*.

Versus de poeta et interprete huius codicis

Fortunam studiumque viri lætosque labores,
carmine privatam delectat promere vitam,
qui dudum impresso terram vertebat aratro,
intentus modico et victum quærebat in agro,
contentus casula fuerat, cui culmea *tecta*
postesque *acclives*; sonipes sua *limina* nunquam
obtrivit, tantum armentis sua cura studebat.
o fœlix nimium, proprio qui vivere censu
prævaluit fomitemque ardentem extinguere diræ
invidiæ, pacemque animi gestare quietam.
gloria non illum, non alta palatia regum,
divitiæ mundi, non dira cupido movebat.
invidiosus erat nulli nec invidus *ulli*.
securus latam scindebat vomere terram
spemque suam in modico totam statuebat agello.
cum sol per quadrum cœpisset spargere mundum
luce sua radios, atris cedentibus umbris,
egerat exiguo paucos *menando* iuvencos
depellens tecto vasti per pascua saltus.
lætus et attonitus larga pascebat in herba,
cumque fatigatus patulo sub tegmine fessa
convictus somno tradidisset membra quieto,
mox divina polo resonans vox labitur alto,
„o quid agis Vates, cur cantus tempora perdis?
incipe divinas recitare ex ordine leges,

---

5 tecta *Schmeller, Dümmler, Quint*] testa *Flacius*.

6 acclives] *ob* acclines *(Schönbach)?* limina *Cordesius (vgl. Quint), Dümmler*] lumina *Flacius*.

13 ulli *Flacius*[4] *(vgl. Sievers), Schmeller, Dümmler*] illi *Flacius*.

17 lucæ *Flacius*.

18 „Menare, pro ducere, vox italica est" *Flacius a. R.*

5 *Paulin. Nol., c.* 18, 386 *(Schönbach).*

8ff. *vgl. Verg., Georg.* 2, 458 *ff. (Jellinek).*

20 *Martial., c.* 5, 3, 3 *(Heinzel bei Jellinek).*

21 *Verg., Ecl.* 1, 1 = *Georg.* 4, 566 *(Jellinek).*

transferre in propriam clarissima dogmata linguam".
nec mora post tanti fuerat miracula dicti.
qui prius agricola, mox et fuit ille poeta:
tunc cantus nimio Vates perfusus amore,
metrica post docta dictavit carmina lingua.
cœperat a prima nascentis origine mundi,
quinque relabentis percurrens tempora sæcli,
venit ad adventum Christi, qui sanguine mundum
faucibus eripuit tætri miseratus Averni.

---

31 *Verg., Georg.* 2, 336 *(Schönbach).*

*Manega uuâron, the sia iro môd gespôn,
................, that sia *bigunnun uuord godes,*
reckean that girûni, that *thie* rîceo Crist
undar mancunnea mâriða gifrumida
mid uuordun endi mid uuercun. That uuolda thô uuîsara filo
liudo barno lobon, lêra Cristes,
hêlag uuord godas, endi mid iro handon scrîban
berehtlîco an buok, huô sia *is gibodscip scoldin*
frummian, firiho barn. Than uuârun thoh sia fiori te thiu
under thera menigo, thia habdon maht godes,
helpa fan himila, hêlagna gêst,
craft fan *Criste,* – sia uurðun gicorana te thio,
that sie than êuangelium *ênan scoldun*
an buok scrîban endi *sô* managg gibod godes,
hêlag himilisc uuord: sia ne muosta heliðo than mêr,
firiho barno frummian, neuan that sia fiori te thio
thuru craft godas gecorana uurðun,
Matheus endi Marcus, – sô uuârun thia man hêtana –

1–84 *einschl. nur in C.*
1 *In C davor als Zierzeile* Inc⟨i⟩pit quat⟨u⟩or evangelium; *darüber, v. jünger Hd.* Evangelia in lingua Danica.
2 *vgl. Taeger, Nd. Jb.* 105, 130; *keine Lücke C; Schumann, Gm.* 30, 65 *u. Franck, ZfdA* 31, 202, *danach Behaghel u. Mitzka tilgen* uuord godes *und fassen 2/3 als 1 Vers;* bigunnun . . . . . *(Lücke von zwei Halbzeilen)* uuord godes reckean *Rieger, Leseb. S.* 1, bigunnun uuord godes cuthian, reckean *Müllenhoff,* bigunnun uuord godes uuido cuthian, reckean *Roediger* 283; uuord godes uuisean bigunnun, reckean *Sievers, vgl. PBB* 10, 587, uuord godes uuendean bigunnun, reckean *Rathofer, Nd. W.* 9, 52; bigunnun | godes uuord reckean ‖ rihtian *Piper; vgl. noch Colliander* 451.
3 thi⟨e⟩ (e *rad.*) *C.*
3–4 *vgl. Jellinek, ZfdA* 40, 331, *Kock ebda* 48, 187.
8 berethlico *C.* scoldin is gibodscip *C.*
12 Cristæ *C.*
13 ena *Piper.* scoldin *Schröder, ZfdA* 46, 112.
14 se *C.*
15–16 *vgl. Grein, Gm.* 13, 210, *Kock, ZfdA* 48, 191.
15 *vgl. Grein, Gm.* 11, 210.

Lucas endi Iohannes;   sia uuârun *gode lieƀa,*
uuirðiga ti them giuuirkie.   Habda im uualdand god,
them heliðon an iro hertan   hêlagna gêst
fasto bifolhan   endi ferahtan hugi,
sô manag uuîslîk uuord   endi giuuit mikil,
that sea scoldin ahebbean   hêlagaro stemnun
godspell that guoda,   that ni haƀit ênigan gigadon huergin,
thiu uuord an thesaro uueroldi,   that io uualdand mêr,
drohtin diurie   eftho derƀi thing,
firinuuerc fellie   *eftho fiundo nîð,*
strîd uuiderstande –,   huand hie habda starkan hugi,
mildean endi guodan,   thie thes mêster uuas,
aðalordfrumo   alomahtig.
That scoldun sea fiori thuo   fingron scrîƀan,
settian endi singan   endi seggean forð,
that sea fan Cristes   crafte them mikilon
gisâhun endi gihôrdun,   thes hie selƀo gisprac,
giuuîsda endi giuuarahta,   uundarlîcas filo,
sô manag mid mannon   mahtig drohtin,
all so hie it fan them anginne   thuru is *ênes* craht,
uualdand gisprak,   thuo hie êrist thesa uuerold giscuop
endi thuo all bifieng   mid ênu uuordo,
himil endi erða   endi al that sea bihlidan êgun
giuuarahtes endi giuuahsanes: that uuarð thuo all mid uuordon godas
fasto bifangan,   endi *gifrumid* after thiu,
huilic than liudscepi   landes scoldi
uuîdost giuualdan,   eftho *huar* thiu *uueroldaldar*
endon scoldin.   Ên uuas iro thuo noh than

---

19 Iohannes endi Lucas *frühere Auflagen, dazu Heusler, Versgeschichte* I 104. lieba gode *Rieger, ZfdPh* 7, 29.

23 *Colliander* 452.

25 *Schumann, Gm.* 30, 66; *Sievers, PBB* 10, 587.

28 *Jellinek, AfdA* 42, 220.

28b, 29a eftho uuiðar fiundo nîth strîdu stande *Piper.*

31 aðal orðfrumo alomahtig *C.* allo- *Kauffmann, PBB* 12, 348, alo- *Basler, Alts. S.* 10, alomahtig god *Holthausen (briefl.).*

38 ena *C.*

43 gifrimid *C.*

45 huan *Roediger, vgl. Behaghel, Gm.* 27, 416.

45–46 weroldaldar endon scoldin *Kock, ZfdA* 48, 192] werold aldar endon scoldi *C;* weroldaldar endon scoldi *Grein, Gm.* 11, 210, w.sc.a.e. *Sievers, ZfdA* 19, 62, *Basler, Alts. S.* 14, werold than aldar endon scoldi *Heyne*[2], w. gio a. e. sc. *Heyne*[3] u.[4].

firiho barnun biforan,   endi *thiu* fiƀi uuârun agangan:
scolda thuo that sehsta   sâliglîco
cuman thuru craft godes   endi Cristas giburd,
hêlandero *bestan,*   hêlagas gêstes,
an thesan middilgard   managon te helpun,
firio barnon ti frumon   uuið fiundo nîð,
uuið dernero duualm.   Than habda thuo drohtin god
Rômanoliudeon farliuuan   rîkeo mêsta,
habda them heriscipie   herta gisterkid,
that sia habdon bithuungana   thiedo gihuilica,
habdun fan Rûmuburg   rîki giuunnan
helmgitrôsteon,   sâton iro heritogon
an lando gihuem,   habdun liudeo giuuald,
allon elitheodon.   Erodes uuas
an Hierusalem   oƀer that Iudeono folc
gicoran te kuninge,   sô ina thie kêser tharod,
fon Rûmuburg   rîki thiodan
satta undar that gisîði.   Hie ni uuas thoh mid sibbeon *bilang*
aƀaron Israheles,   eðiligiburdi,
cuman fon iro *cnuosle,*   neuan that hie thuru thes kêsures thanc
fan Rûmuburg   rîki habda,
that im uuârun sô gihôriga   hildiscalcos,
aƀaron Israheles   elleanruoƀa:
suîðo unuuanda uuini,   than lang hie giuuald êhta,
Erodes thes rîkeas   endi *râdburdeon held*
Iudeo liudi.   Than uuas thar ên gigamalod mann,
that uuas fruod gomo,   habda ferehtan hugi,
uuas fan them liudeon   Levias cunnes,

---

47 firio *C.* thiu *tilgt Roediger, vgl. Behaghel, Gm.* 27, 416.

49 *Windisch S.* 15.

50 *vgl. Schumann, Gm.* 30, 67, *Sievers, PBB* 10, 587. best *C, vgl. Holthausen, Beiblatt z. Anglia* 45, 130.

60 *vgl. Piper zu der Stelle, sowie Colliander* 454.

64 bifang *C.*

66 muosle *C.*

71–72 radburdeon giheld Iudeono liudi *Sievers*] radburdeon . . . . . liudi *C;* radburdeo oƀar Iudeoliudi *Rieger, Leseb. S.* 3, rad burda On Iudeono liudi *Schmeller, Müllenhoff, Heyne,* radburdi On Iudeono liudi *Roediger,* radburdiun êhta Iudeono liudi *Piper, vgl. Sievers, PBB* 10, 540; *Colliander* 454.

72ff. *Hierzu in C a. R. v. etwa gleich alter Hd.:* secundum Lucam: In illo tempore fuit in diebus Erodis regis Iude sacer quidam nomine Zacharias.

Iacobas *suneas*, guodero thiedo:
Zacharias uuas hie hêtan. That uuas sô sâlig man,
huand hie simblon gerno gode theonoda,
uuarahta *after* is uuilleon; deda is uuîf sô self
– uuas iru gialdrod idis: ni muosta im erƀiuuard
an iro iuguðhêdi gibiðig uuerðan –
libdun im farûter laster, uuaruhtun lof goda,
uuârun sô gihôriga heƀancuninge,
diuridon ûsan drohtin: ni uueldun derƀeas uuiht
under mancunnie, mênes gifrummean,
ne *saca ne sundea. Uuas im thoh an sorgun hugi,
that sie erƀiuuard êgan ni môstun,
ac uuârun im barno lôs. Than scolda he gibod godes
thar an Hierusalem, sô oft sô is gigengi gistôd,
that ina torhtlîco tîdi gimanodun,
sô scolda he at them uuîha uualdandes geld
hêlag bihuuerƀan, heƀancuninges,
godes iungarskepi: gern uuas he suîðo,
that he *it* thurh ferhtan hugi *frummean* môsti.

II.

Thô uuarð thiu tîd cuman, – *that* thar gitald habdun
uuîsa man mid uuordun, – that scolda thana uuîh godes
Zacharias bisehan. Thô uuarð thar gisamnod filu
thar te Hierusalem *Iudeo* liudio,
uuerodes te them uuîha, thar sie uualdand god
suuîðo theolîco thiggean scoldun,
hêrron is huldi, that sie heƀancuning
lêðes alêti. Thea liudi stôdun
umbi that hêlaga hûs, endi geng im the *gihêrodo* man
an thana uuîh innan. That uuerod ôðar bêd
umbi thana alah ûtan, Ebreo liudi,
huuan êr the frôdo man gifrumid habdi

---

75 sumeas *C.*
78 æfter *C.*
85 *Mit* s⟨aca n⟩e sundea ⟨Uu⟩a⟨s⟩ *(teilw. rad.) beginnt M (davor 7 Zeilen ausrad.).*
93 it *fehlt C.* fremmean *C.*
94 the *C, vgl. Schumann, Gm.* 30, 67.
97 Iudeono *M.*
102 gierodo *C.*
103 *vgl. Jellinek, ZfdA* 40, 331.
105 Huuaner *Müllenhoff stets.*

uualdandes uuilleon.   Sô he thô thana uuîrôc drôg,
ald aftar them alaha,   endi umbi thana altari geng
mid is rôcfatun   rîkiun thionon,
– *fremida* ferhtlîco   frâon sînes,
godes iungarskepi   gerno suuîðo
mid hluttru hugi,   *sô man hêrren scal
gerno fulgangan –, *grurios quâmun* im,
egison an them alahe: hie gisah thar aftar thiu ênna engil godes
an them uuîhe innan,   hie sprac im mid is uuordon tuo,
hiet that fruod gumo   foroht ni uuâri,
hiet that hie im ni andriede: 'thîna dâdi sind', quathie*,
'uualdanda uuerðe   endi thîn uuord sô self,
thîn thionost is im an thanke,   that thu sulica githâht habes
an is ênes craft.   Ic is engil bium,
Gabriel bium ic hêtan,   the gio for goda standu,
anduuard for them alouualdon,   ne sî that he me an is *ârundi huarod*
sendean uuillea.   Nu hiet he me an thesan sîð faran,
hiet that ic thi *thoh* gicûðdi,   that thi kind giboran,
fon thînera alderu idis   ôdan scoldi
uuerðan an thesero uueroldi,   uuordun spâhi.
That ni scal an is liba gio   lîðes *anbîtan*,
uuînes an is uueroldi: sô habed im uurdgiscapu,
metod gimarcod   endi maht godes.
Hêt that ic thi thoh sagdi,   that it scoldi gisîð uuesan
hebancuninges,   hêt that *git* it heldin uuel,
tuhin thurh treuua,   quað that he im tîras sô filu
an godes rîkea   forgeban uueldi.
He quað that the gôdo gumo   Iohannes te namon
hebbean scoldi,   *gibôd* that *git it* hêtin sô,
that kind, than it quâmi,   quað that it Kristes gisîð
an thesaro uuîdun uuerold   uuerðan scoldi,

---

107 êld *Holthausen (briefl.).*
109 frumida *C.*
111 so–116 quathie *(= fol. 2ᵛ, Z. 1–4) ausrad. (z.T. noch erkennbar) M.*
112 georno *C.*   grurio quamun *Grienberger, PPB* 36, 90, *dazu Sievers ebda* 416.
121–22 huarod | *Grein, Gm.* 11, 210; arundi | huarod *Heyne, Rückert.*
123 thoh *fehlt M.*
126 abitan *C.*
130 gi *C.*
134 gibud *C.*   gi *C.*   it *fehlt M.*

is selƀes sunies,   endi quað that *sie sliumo* herod
an is *bodskepi*   bêðe quâmin'.
Zacharias thô gimahalda   endi uuið *selƀan* sprac
drohtines engil,   endi im thero dâdeo bigan,
uundron thero uuordo: 'huuô mag that giuuerðan sô', quað he,
'aftar an aldre?   it is unc al te lat
sô te giuuinnanne,   sô thu mid thînun uuordun *gisprikis*.
Huuanda uuit habdun aldres êr   efno tuêntig
uuintro an uncro uueroldi,   êr than quâmi *thit* uuîf te mi;
than uuârun uuit nu atsamna   *antsiƀunta* uuintro
gibenkeon endi gibeddeon,   siðor ic sie mi te brûdi gecôs.
Sô uuit *thes* an uncro iuguði   *gigirnan* ni mohtun,
that uuit erƀiuuard   êgan môstin,
fôdean an uncun flettea,   nu uuit sus gifrôdod sint
– haƀad unc eldi binoman   elleandâdi,
that uuit sint an uncro siuni gislekit   endi an uncun sîdun lat;
flêsk is unc *antfallan*,   fel unscôni,
is unca *lud* giliðen,   lîk *gidrusnod*,
sind unca andbâri   ôðarlîcaron,
môd endi megincraft –, sô uuit giu sô managan dag
uuârun an thesero uueroldi,   sô mi thes uundar thunkit,
huuô it sô giuuerðan mugi,   sô thu mid thînun uuordun *gisprikis*'.

III.

Thô uuarð that heƀencuninges bodon   harm an is môde,
that he is giuuerkes sô   uundron scolda
endi that ni uuelda gihuggean,   that ina *mahta hêlag* god
sô alaiungan,   sô he fon êrist uuas,
selƀo giuuirkean,   *of* he sô uueldi.

---

137 sie] git *Rückert, Roediger.* sniumo *C, vgl. Behaghel, Gm.* 27, 416; *Colliander* 456.
138 gibodscepe *C.*
139 selƀa *C.*
143 sprikis *C.*
145 that *C.*
146 atsibunta *C.*
148ff. *vgl. Roediger* 280.
148 thes *fehlt C.* gigernean *C.*
150f. *Interpunktion nach Schwab* 102.
153 afallan *C.*
154 lud] lund = ae. lynd *(„Fett") Trautmann* 129; *vgl. Grau* 205. gidrusinot *C,* gitrusnod *M.*
156 *vgl. Roediger* 283.
157 *vgl. Kock, Jaunts and Jottings S.* 43.
158 hui *C.* sprikis *C.*
161 mahti *C.* hêlag *fehlt C.*

Skerida im thô te uuîtea, that he ni mahte ênig uuord *sprekan,*
gimahlien mid is mûðu, 'êr than thi magu uuirðid,
fon thînero aldero idis erl afôdit,
kindiung giboran cunnies gôdes,
uuânum te thesero uueroldi. Than scalt thu eft uuord sprekan,
hebbean thînaro stemna giuuald; ni tharft thu stum uuesan
lengron huîla.' Thô uuarð it sân gilêstid sô,
giuuorðan te uuâron, sô thar an them uuîha gisprak
engil thes alouualdon: uuarð ald gumo
sprâca bilôsit, thoh he spâhan hugi
bâri an is breostun. Bidun allan dag
that uuerod for them uuîha endi uundrodun alla,
bihuuî he thar sô lango, lofsâlig man,
suuîðo frôd gumo frâon sînun
thionon thorfti, sô thar êr ênig thegno ni deda,
than sie thar *at* them uuîha uualdandes geld
folmon frumidun. Thô quam frôd gumo
ût fon them alaha. Erlos thrungun
nâhor mikilu: uuas im niud mikil,
huat he im sôđlîkes seggean uueldi,
uuîsean te uuâron. He ni mohta thô ênig uuord *sprecan,*
giseggean them gisiðea, *bûtan* that he mid is suîðron hand
uuîsda them uueroda, that sie ûses uualdandes
lêra lêstin. Thea liudi forstôdun,
that he thar habda gegnungo godcundes *huat*
forsehen selƀo, thoh he is ni mahti giseggean uuiht,
giuuîsean te uuâron. Thô habda he ûses uualdandes
geld gilêstid, al sô is gigengi uuas
gimarcod mid mannun. Thô uuarð sân aftar thiu maht godes,
gicûðid is craft *mikil:* uuarð thiu *quân* ôcan,
idis an ira eldiu: scolda im erƀiuuard,
suîðo godcund gumo giƀiðig uuerðan,
barn an *burgun.* Bêd aftar thiu

---

164 gisprekean *C.*
179 an *C.*
184 gisprecan *C.*
185 neuan *C.*
188 huat *fehlt C.*
191 gigengi uuas gimarcod] gigengi uuas, gimarcod *Piper; vgl. Lagenpusch S.* 41.
193 mik *C.* quena *C.*
196 burgeon *C.*

that uuîf *uurdigiscapu.* Skrêd the uuintar forð,
geng *thes* gêres gital. Iohannes quam
an liudeo lioht: lîk uuas im scôni,
uuas im fel fagar, fahs endi naglos,
uuangun *uuârun* im uulitige. Thô fôrun thar uuîse man,
snelle tesamne, thea suâsostun mêst,
uundrodun thes *uuerkes,* bi*huî it* gio mahti giuuerðan sô,
that *undar* sô aldun tuêm ôdan uurði
barn an *giburdeon,* ni uuâri that it gibod godes
selƀes uuâri: *afsuoƀun* sie garo,
that it elcor sô uuânlîc uuerðan ni mahti.
Thô sprak thar ên gifrôdot man, the sô filo consta
uuîsaro uuordo, habde giuuit mikil,
frâgode *niudlîco,* huuat is namo scoldi
uuesan an thesaro uueroldi: ‘mi thunkid an is uuîsu gilîc
iac aǹ is gibârea, that he sî betara than uui,
sô ic *uuâniu,* that ina ûs gegnungo *god* fon himila
selƀo sendi’. Thô sprac sân *aftar*
thiu môdar thes kindes, thiu thana magu habda,
that barn an ire barme: ‘hêr quam *gibod* godes’, quað siu,
‘fernun gêre, furmon uuordu
gibôd, that he Iohannes bi godes lêrun
hêtan scoldi. That ic an mînumu hugi ni *gidar*
uuendean mid uuihti, of ic is giuualdan môt’.
Thô sprac ên gêlhert man, the ira gaduling uuas:
‘ne hêt êr giouuiht sô’, quað he, ‘aðalboranes
ûses cunnies eftho cnôsles. Uuita kiasan im ôðrana
niudsamna namon: he *niate* of he môti’.

---

197 giscapo *C.*
198 thes *fehlt C, vgl. Grein, Gm.* 11, 210, *Colliander* 457.
201 uuarin *C.*
203 giuuirkes *C.* hiu *C.* it *fehlt C.*
204 uundar *M.*
205 burgun *M.*
206 ansuoƀun *C.*
210 niutlico *M.*
211 *vgl. Behaghel, Gm.* 21, 143.
213 uuani *M.* god *fehlt M.*
214 seƀo *C.* aftar thiu ‖ modar *die meisten Herausgeber.*
216 bodo *Holthausen, Beiblatt z. Anglia* 45, 130.
217b *vgl. Grein, Gm.* 11, 210; *Roediger* 283; *Schumann, Gm.* 30, 67; *Sievers, PBB* 10, 588.
218 gibod *zu* 217 *Müllenhoff.*
219 godar *C.*
224 note *C; vgl. Sturtevant, MLN* 40, 399.

Thô sprac eft the frôdo man, the thar consta filo mahlian:
'ni giƀu ic that te râde', quað he, 'rinco negênun,
that *he* uuord godes uuendean biginna;
ac *uuita* is thana fader frâgon, the *thar* sô gifrôdod sitit,
uuîs an is uuînseli: thoh he ni mugi ênig uuord *sprecan*,
thoh mag he bi bôcstaƀon brêf geuuirkean,
namon giscrîƀan'. Thô he nâhor geng,
legda im êna bôc an barm endi *bad gerno*
uurîtan uuîslîco uuordgimerkiun,
huat sie that hêlaga barn hêtan scoldin.
Thô nam he *thia bôk an hand* endi an is hugi thâhte
suîðo gerno te gode: Iohannes namon
uuîslîco giuurêt endi *ôc* aftar mid is uuordu gisprac
suîðo spâhlîco: habda im eft is sprâca giuuald,
giuuitteas endi *uuîsun*. That uuîti uuas thô agangan,
hard harmscare, *the* im hêlag god
mahtig *macode*, that he *an is* môdseƀon
godes ni forgâti, than he im eft sendi is iungron tô.

IV.

Thô ni uuas lang aftar thiu, ne it al sô gilêstid uuarð,
sô he mancunnea managa huîla,
god alomahtig forgeƀen habda,
that he is himilisc barn herod te uueroldi,
is selƀes sunu sendean *uueldi*,
te thiu that he hêr alôsdi *al liudstamna*,
uuerod fon uuîtea. *Thô* uuarð is *uuisbodo*
an Galilealand, Gabriel cuman,

---

227 he *fehlt C.*
228 uuit *C.* tharod *M.*
229 gisprekan *C; Roediger* 282.
232 gerno bad *C.*
235 thiu *M.* nam he an hand thia bok *Martin, ZfdA* 40, 126.
237 ôc *fehlt M.*
239 uuisu *C;* uuîsi *Piper.*
240 thea *C.*
241 marcode *Schröder, ZfdA* 46, 359. eft an *M, vgl. Sievers, ZfdPh* 16, 110.
247 uuolda *C.*
248 alla liudstemnia *M, vgl. Behaghel, Gm.* 22, 228; *Colliander* 458.
249 Thô *fehlt C.* uuisbodo *Heyne, Ilkow*] wîsbodo *Grein, Sievers, Behaghel,* uuîs bodo *Piper.*
249/50 *Daneben a. R.* be sca marian *C.*

engil thes alouualdon,   thar he êne idis uuisse,
munilîca magað: Maria uuas siu hêten,
uuas iru thiorna githigan.   Sea ên thegan habda,
Ioseph gimahlit,   gôdes cunnies man,
thea Dauides dohter: that uuas *sô* diurlîc uuîf,
idis anthêti.   Thar sie the engil godes
an Nazarethburg   bi namon selƀo
grôtte *geginuuarde*   endi sie fon gode quedda:
'Hêl uuis thu, Maria', quað he,   'thu bist thînun hêrron liof,
uualdande uuirðig,   huuand thu giuuit haƀes,
idis enstio fol.   Thu scalt *for* allun uuesan
uuîƀun giuuîhit.   Ne haƀe *thu* uuêcan hugi,
ne forhti thu thînun ferhe: ne quam ic thi te ênigun frêson herod,
ne dragu ic *ênig drugithing.*   Thu scalt ûses drohtines uuesan
môdar mid mannun   endi scalt thana magu fôdean,
thes *hôhon heƀancuninges suno.*   The scal Hêliand te namon
êgan mid eldiun.   *Neo* endi ni kumid,
thes uuîdon rîkeas *giuuand,*   *the* he giuualdan scal,
mâri theodan.'   Thô sprac im *eft* thiu magað angegin,
uuið thana engil godes   idiso scôniost,
allaro uuîƀo uulitigost: 'huô mag that giuuerðen sô', *quað* siu,
'that ic magu fôdie?   Ne ic gio mannes ni uuarð
uuîs an mînera uueroldi.'   Tho habde eft is uuord garu
engil thes alouualdon   thero idisiu tegegnes:
'an thi scal hêlag gêst   fon heƀanuuange
cuman thurh craft godes.   *Thanan* scal thi kind ôdan
uuerðan an thesaro uueroldi.   Uualdandes craft
scal thi fon them hôhoston   heƀancuninge

---

254 *vgl. Grein, Gm.* 11, 211.
255 sô *fehlt C.*
255–56 *s. Colliander* 458.
257 an] a *C.*
258 geginuuardi *C.*
261 furi *C.*
262 thu *fehlt C.*
264 eni *C.*   drugithing *Schmeller* II 25a, *Roediger* 280] drugi thing (dr. | th. *M*) *MC, Heyne; Sievers, ders., PBB* 5, 107.
266 hohem himilc. *C.*   suno *fehlt M; vgl. Roediger* 284.
267 neo *fehlt C, dazu Heusler. Versgeschichte* I 174.
268 giuuand *fehlt M.*   thes *C.* thes the *Wilhelmy S.* 37.
269 eft *fehlt C.*
271 quad so quad *M.*
276 than *M.*
277 *vgl. Jellinek, ZfdA* 36, 163.

scadouuan mid *skimon.*   Ni uuarð scôniera giburd,
ne sô mâri mid mannun,   huand siu kumid thurh maht godes
an *these* uuîdon uuerold.'   Thô uuarð *eft* thes uuîbes hugi
aftar them ârundie   al gihuorƀen
an godes uuilleon.   '*Than* ic hêr garu standu', quað siu,
'te sulicun ambahtskepi,   sô he mi êgan uuili.
Thiu bium ic theotgodes.   Nu ik *theses* thinges gitrûon;
uuerðe mi aftar thînun uuordun,   al sô is uuilleo sî,
hêrron mînes;   nis mi hugi tuîfli,
ne uuord ne uuîsa.'   Sô gifragn ik, that that uuîf antfeng
that godes ârundi   gerno suîðo
mid leohtu hugi   endi mid *gilôƀon* gôdun
endi mid hluttrun treuun.   *Uuard* the hêlago gêst,
that barn *an* ira bôsma;   endi siu ira breostun *forstôd*
iac an ire seƀon selƀo,   sagda them siu uuelda,
that sie habde giôcana   thes alouualdon craft
hêlag fon himile.   Thô uuarð hugi Iosepes,
is môd *giuuorrid,*   the im êr thea magað habda,
thea idis anthêttea,   aðalcnôsles uuîf
giboht im te brûdiu.   He afsôf *that* siu habda barn undar iru:
ni uuânda thes mid uuihti,   *that* iru that uuîf habdi
giuuardod sô *uuarolîco:*   ni *uuisse* uualdandes thô noh
blîði gibodskepi.   Ni uuelda sia imo te brûdi thô,
halon imo te hîuuon,   ac bigan im thô *an* hugi thenkean,
huô he sie *sô* forlêti,   sô iru thar ni uurði lêðes *uuiht,*
ôdan *arƀides.*   Ni uuelda sie aftar thiu
meldon for menigi: antdrêd that sie manno barn
lîƀu binâmin.   Sô uuas *than* thero liudeo thau

---

279 skimon *Krogmann, Nd. Jb.* 79, 17] skîmon *Heyne, Rückert, Kauffmann, PBB* 12, 292, *Sehrt, MLN* 65, 89.
281 thesan *C.*   eft *fehlt C.*
283 than c *M.*
285 thes *C.*
290 lobon *C.*
291 uuarth thuo *C.*
292 on *C.*   forstôd] stuod *C.*
296 giuuorrid *(C)*] gidrobid *M;* giwôrit *Rückert,* gimerrid *Holthausen, PBB* 44, 338; *Sievers, ZfdPh* 16, 110, *PBB* 44, 501, *Krogmann, ZfdPh* 66, 5.
298 that] that that *C.*
299 neua that *C, Behaghel, Gm.* 27, 416.
300 uuarlico *C u. M* 1. *Hand.*   uuisse hie *C.*
302 an is *C.*
303 thuo *C.*   uuiht *fehlt C.*
304 arƀedies *C, für dies Schröder, AfdA* 43, 30.
306 than *fehlt C.*

thurh then aldon êu,   Ebreo folkes,
sô huilik sô thar an unreht   idis gihîuuida,
that siu simbla thana bedskepi   buggean scolda,
frî mid ira ferhu: ni uuas gio thiu fêmea sô gôd,
that siu *mid* them liudiun leng   libbien môsti,
uuesan undar them uueroda.   *Bigan* im the uuîso mann,
suîðo gôd gumo,   Ioseph an is môda
thenkean thero thingo,   huô he thea thiornun thô
listiun forlêti.   Thô ni uuas lang te thiu,
that im thar an drôma quam   drohtines engil,
heƀancuninges bodo,   endi hêt sie ina haldan uuel,
minnion sie an is môde: 'Ni uuis thu', quað he, 'Mariun uurêð,
thiornun thînaro;   siu is *githungan* uuîf;
ne forhugi thu sie te hardo;   thu scalt sie haldan uuel,
uuardon ira an thesaro uueroldi.   Lêsti *thu* inca uuinitreuua
forð sô thu dâdi,   *endi hald* incan friundskepi uuel!
Ne lât thu sie thi thiu lêðaron,   thoh siu *undar* ira liðon êgi,
barn an ira bôsma.   It cumid thurh gibod godes,
hêlages gêstes   fon heƀanuuanga:
that is *Iêsu* Krist,   godes êgan barn,
uualdandes sunu.   Thu scalt sie uuel *haldan,*
hêlaglîco.   Ne lât thu *thi* thînan hugi tuîflien,
merrean thîna môdgithâht.'   Thô uuarð eft thes mannes hugi
giuuendid aftar them uuordun,   that he im te them uuîƀa genam,
te thera magað minnea: antkenda maht godes,
uualdandes gibod.   Uuas im uuilleo mikil,
that he *sia* sô hêlaglîco   haldan môsti:
bisorgoda sie an is *gisîðea,*   endi *siu* sô sûƀro *drôg*
al te huldi godes   hêlagna gêst,

---

308 *Bruckner, D. as. Gen. S.* 20.
310ff. *Über die Neumierung dieser Stelle vgl. Taeger, ZfdA* 107, 184.
311 gio mid *C.*
312 thuo bigan *C.*
314 *Krogmann, Nd. Jb.* 80, 31, tho, *urspr.* so.
319 githuungan *M.*
321 thu *fehlt M.*
322 endi hald *fehlt C.*
323 undar *fehlt C.*
326 Iesus *C.*
327 uuel bisorgon, haldan *Grein, Gm.* 11, 211; *die Conjectur von Grein auch verworfen von A. Veltman, Die politischen Gedichte Muskatbluts, Diss. Bonn* 1902, *These* 11.
328 thi *fehlt C.*
330 giuuend *C.*
333 sia *fehlt M.*
334 githa *C.*   sea *C.*   duog *C.*

gôdlîcan gumon,   antthat sie *godes* giscapu
mahtig gimanodun,   that *siu ina* an manno lioht,
allaro barno bezt,   brengean scolda.

V.

Thô uuarð fon Rûmuburg   rîkes mannes
oƀar alla thesa irminthiod   Octauiânas
ban endi bodskepi   oƀar thea is brêdon giuuald
cuman fon them kêsure   cuningo gihuilicun,
hêmsitteandiun,   sô uuîdo sô is heritogon
oƀar al that landskepi   *liudio* giuueldun.
Hiet man that *alla* thea elilendiun man   iro ôðil sôhtin,
heliðos iro handmahal   angegen iro hêrron bodon,
quâmi te them cnôsla gihue,   thanan he cunneas uuas,
giboran fon them burgiun.   That gibod uuarð gilêstid
oƀar thesa uuîdon uuerold.   Uuerod samnoda
te allaro burgeo gihuuem.   Fôrun thea bodon oƀar all,

---

336 godes *fehlt C.*
337 sia *C.*   ina *fehlt C.*
344 liudi *(rad.) M.*
345 Hiet man *streicht Wackernagel.*
all *C.*
346 elithos *C.*
350 to *C.*

thea fon them kêsura cumana uuâ*run,
bôkspâha uueros, *endi* an brêf *scriƀun*
suîðo niudlîco namono *gihuilican,*
ia land ia liudi, that im ni *mahti alettean* mann
gumono sulica gambra, sô *im* scolda geldan gihue
heliðo fon is hôƀda. Thô giuuêt im ôc *mid* is hîuuisca
Ioseph the gôdo, sô it god mahtig,
uualdand uuelda: sôhta im *thiu uuânamon* hêm,
thea burg an Bethleem, thar iro beiðero uuas,
thes heliðes handmahal* endi ôc thera hêlagun thiornun,
Mariun thera gôdun. Thar uuas thes mâreon stôl
an êrdagun, aðalcuninges,
Dauides thes gôdon, than *langa* the he thana druhtskepi thar,
erl undar Ebreon êgan môsta,
haldan hôhgisetu. *Sie* uuârun is hîuuiscas,
cuman fon is cnôsla, cunneas gôdes,
bêðiu bi giburdiun. Thar gifragn ic, that *sie thiu* berhtun giscapu,
Mariun gimanodun *endi maht godes,
that iru an *them* sîða *sunu ôdan uuarð,*
giboran an Bethleem barno strangost,
allaro cuningo craftigost: cuman *uuarð* the mâreo,
mahtig an manno lioht, sô is *êr* managan dag
biliði uuârun endi *bôcno* filu
giuuorðen an thesero uueroldi. Thô uuas it all giuuârod sô,
sô it êr spâha man gisprocan habdun,
thurh huilic ôdmôdi he thit erðrîki herod
thurh is selƀes craft sôkean uuelda,
managaro mundboro. Thô ina thiu môdar nam,
biuuand ina mid *uuâdiu* uuîƀo *scôniost,*

---

351 *Von* ⟨uua⟩run *bis* 360 handmal *tritt S ein.*
352 endi *fehlt C.*
353 tulgo *S.* gehuilikne *S.*
354 mahta atellien *C.*
355 imo *C,* imu *S.*
356 nid *(?) S.*
358 thia uuanamo *C.*
359 *vgl. Kock, ZfdA* 48, 193.
363 lang *C.*
365 sea *C,* sie *aus* siu *M.*
367 thu *C.*
368 *Von* endi *bis* 384 uu⟨a⟩r⟨doda⟩ *tritt wieder S ein.*
369 themu *S.* sunu odan uuarđ *vgl. Taeger, PBB (Tüb.)* 101, 192.
371 uuarđ *fehlt C.*
372 m(ahtig) *in S a. R. nachgetragen, bis auf* m- *durch Beschneiden verloren.* on *C.* er *fehlt C.*
373 bogno *M.*
379 uuadi *C,* giuuadie (giuua- *unsicher*) *S.* scoinosta *C.*

run. 1[r]
bokspahe uueros   endi an bfef scriuun '
tulgo niudlicą   nomana gihuilikne
ia land ' ia liudi   that im ni mahti aléttian monn
gu'mano sulica gambra   so imu scolde geldan ' gihue.
heliđa fon is habde·   Tha giuuét im ' ak nid is hiskie.
Ioseph the goda   só it god ' mahtig
uualdand uuelde.   sohte im thiụ ' ụụạnamun heḿ
thiẹ burg an Bethleém '   (.)h(.)ṛ ira beđera uuas
theṣ (..)liđes hańdmal '

⟨der Mittelstreifen fehlt mit den vv. 360b–368a⟩

endi maḥt goḍeṣ
(.)hat iru an themu siđe   su'nu aden uuarđ
giboren an Bethleeḿ   bar'no strongọst
ạllera kuninga crahtigost· '   cumen uuarđ the meria
+an monna líoht '   so is er monagan dag +m[
bíliđi uuarun   endi ' bakna filu
giuuorden an thesseru uueral'di·   Tha uuas ịt all giuuárod so.
so it ér spehe / menn   gisproken heddun 1[v]
thur huilic ađmo'di   he thit erđriki herod
thur is selues craht '   sokian uuelde
monegera mundboro·   Th(.) ' ine thiu moder naḿ
biuuand ịne ṃiḍ gịụụạ'die   uuiuo sconiost

356 ṇid, *anscheinend* n-, *nicht* m- *S.*
372 m[ahtig? *am rechten Rand gleichzeitig mit Verweisungszeichen + nachgetragen, bis auf* m *durch Beschneiden verloren S.*

fagaron *fratahun,*   endi ina mid *iro* folmon tuuêm
legda lioƀlîco   luttilna man,
that kind an êna *cribbiun,*   thoh he habdi craft godes,
manno drohtin.   Thar *sat* thiu môdar biforan,
uuîf uuacogeandi,   uuar*doda selƀo,
held that hêlaga barn: ni uuas *ira* hugi tuuîfli,
thera magað ira môdseƀo.   Thô uuarð *that* managun cûð
oƀar thesa uuîdon uuerold,   *uuardos* antfundun,
thea thar ehuscalcos   ûta uuârun,
uueros an uuahtu,   uuiggeo *gômean,*
fehas aftar felda: gisâhun finistri an tuuê
telâtan an lufte,   endi quam lioht godes
uuânum thurh thiu uuolcan   endi thea uuardos thar
bifeng an them fel*da.   Sie *uurðun* an forhtun thô,
thea *man* an ira môda: gisâhun thar mahtigna
godes engil cuman,   the im *tegegnes* sprac,
hêt that im thea uuardos   uuiht ne antdrêdin
lêðes fon *them* liohta: 'ic scal eu', *quað he,* 'lioƀora thing,
suîðo uuârlîco   uuilleon seggean,
cûðean craft mikil: nu is Krist geboran
an theser*o selƀun naht,   sâlig barn godes,
an *thera* Dauides burg,   drohtin the gôdo.
That is mendislo   manno cunneas,
allaro firiho fruma.   Thar gi ina fiđan mugun,
an *Bethlemaburg*   barno rîkiost:
hebbiad that te *têcna,*   that ic *eu gi*tellean mag
uuârun uuordun,   that he thar biuundan ligid,
that kind an ênera cribbiun,   thoh he sî cuning oƀar al
erðun endi himiles   endi oƀar *eldeo barn,*

---

380 fratohon *C,* frahtun *S.*   iru *C,* ire *S.*

382 krebbian *S.*

383 sat *fehlt C.*

385 ira *vgl. Heinrichs, Studien* 39.

386 that *fehlt MC.*

387 that uuardos *Piper.*

389 gômean *nom. agentis nach Kock, ZfdA* 48, 194, *Basler, Alts. S.* 54, *verbal, Behaghel, Literaturblatt* 46, 155; *Sehrt.*

393 *Von* ⟨fel⟩de *bis* 400 theser⟨u⟩ *tritt wieder S ein.*   uuardun *C.*

394 man *fehlt C.*

395 tigene *S.*

397 themu *S.*   quađ he *fehlt S.*

398 tulgo *S.*

401 thesaro *C.*

404 bethleemburg *C.*

405 thegne *C.*   eu gi- *fehlt C.*

408 eldibarn *C.*

fagarun fráhtun   eṇ.. ..ẹ ' mid ire folmun túem
legdẹ liọḅlica   luttilne ' monn.
that kind an ene krebbian   thah he ' heddi creht godes
manno drohtin   Thar sát ' thiu moder biụọran
uu(.)f (......)andi   ụụ(.)ṛ '

⟨mit dem Mittelstreifen fehlen die vv. 384b – (teilw.) 393a⟩

de·   Sie uurdun an forh(.)ụn ṭha
..e menn ' an ira mode.   giséun thar maḥ..g̣ne
godes ' engil cuman   the im tigene spṛạḳ
ḥet that ' im the uuardas   uuiht ni andṛe...
lédes ' fon themu liohte.   ek scal iu liạụ..ạ thing '
tulgo uuárlica   uuillian seggịan
kuđian ' craht mikil·   Nu is Crist giboren
aṇ thesẹṛ./

---

uueroldes uualdand'.   Reht sô he thô that uuord gisprac,
sô uuarð thar engilo te them ênun   unrîm cuman,
hêlag heriskepi   fon heƀanuuanga,
fagar folc godes,   endi filu sprâkun,
lofuuord manag   liudeo hêrron.
Afhôƀun thô *hêlagna* sang,   thô sie eft te heƀanuuanga
uundun thurh thiu uuolcan.   Thea uuardos hôrdun,
huô thiu engilo craft   alomahtigna god
suîðo *uuerðlîco*   uuordun loƀodun:
'diuriða sî nu', quâðun sie,   'drohtine selƀun
an them hôhoston   himilo rîkea
endi friðu an erðu   firiho barnun,
gôduuilligun gumun,   *them the* god antkennead
thurh *hluttran* hugi.'   Thea hirdios forstôdun,

---

414 helagan *C.*
417 uuarlico *C.*
421 thie thia *C.*
422 huttran *C.*

that sie mahtig thing   gimanod habda,
*blîðlîc bod*skepi: giuuitun im te Bethleem thanan
nahtes sîðon;   uuas im niud mikil,
that sie *selbon* Krist   gisehan *môstin.*

VI.

Habda im the engil godes   al giuuîsid
torhtun têcnun,   that sie *im tô* selbun,
te them godes barne   gangan mahtun,
endi fundun sân   folco drohtin,
liudeo *hêrron.*   Sagdun thô lof goda,
uualdande mid iro uuordun   endi uuîdo *cûðdun*
obar thea berhtun burg,   huilic im thar *biliði* uuarð
fon hebanuuanga   hêlag gitôgit,
fagar an felde.   That *frî* al biheld
an ira hugiskeftiun,   hêlag *thiorna,*
thiu magað an ira môde,   sô huat sô siu gihôrda thea mann sprecan.
Fôdda ina thô fagaro   frîho scâniosta,
thiu môdar thurh minnea   managaro drohtin,
hêlag himilisc barn.   Heliðos gisprâcun
an them ahtodon daga   erlos managa,
suîðo glauua gumon   mid thera godes thiornun,
that he Hêleand te namon   hebbean scoldi,
sô it the godes engil   Gabriel gisprac
uuâron uuordun   endi them uuîbe gibôd,
bodo drohtines,   thô siu êrist that barn antfeng
uuânum te thesero uueroldi.   Uuas iru uuilleo mikil,
that siu ina sô *hêlaglîco*   haldan môsti,
fulgeng im thô sô gerno.   That gêr furðor skrêd,
untthat that friðubarn godes   fiartig habda
dago endi nahto.   Thô scoldun sie thar êna dâd frummean,

---

424 blithi *C.*   gibod- *C.*
426 selban *C.*   muostun *C.*
428 tuo im *C, vgl. Kock, ZfdA* 48, 196.
429 to *C.*
431 *Vor* hêrron *steht in C* drohtin, *durchstrichen.*
432 cuthdin *C.*
433 blithi *C.*
435 firi *C.*
436 thiorno *C.*
447 *vgl. Schumann, Gm.* 30, 68; *Sievers, PBB* 10, 588.
448 helagna *M.*

that sie ina te Hierusalem *forgeƀan* scoldun
uualdanda te them uuîha. *Sô* uuas iro uuîsa than,
thero liudeo landsidu, that that ni môsta forlâtan negên
idis undar Ebreon, ef iru *at êrist* uuarð
sunu afôdit, ne siu ina simbla *tharod*
te them godes uuîha forgeƀan scolda.
Giuuitun im thô thiu gôdun tuuê, Ioseph endi Maria
bêðiu fon Bethleem: habdun that barn mid im,
hêlagna Krist, sôhtun im hûs godes
an Hierusalem; thar scoldun sie is geld frummean
uualdanda *at* them uuîha uuîsa lêstean
Iudeo folkes. Thar fundun sea ênna gôdan man
aldan *at* them alaha, aðalboranan,
the habda *at* them uuîha sô filu uuintro endi sumaro
gilibd an them liohta: oft uuarhta he thar lof goda
mid hluttru hugi; habda im hêlagna gêst,
sâliglîcan seƀon; Simeon uuas he hêtan.
Im habda giuuîsid uualdandas craft
langa huîla, that he ni môsta *êr* thit lioht ageƀan,
uuendean af thesero uueroldi, êr than im the uuilleo gistôdi,
that he *selƀan* Krist gisehan môsti,
hêlagna heƀancuning. Thô uuarð im is hugi suîðo
blîði an is briostun, thô he gisah that *barn* cuman
an thena uuîh innan. Thuo sagda hie uualdande thanc,
almahtigon gode, thes he ina mid is ôgun gisah.
Geng im thô tegegnes endi ina gerno antfeng
ald mid is armun: al antkende
bôcan endi biliði endi ôc that barn godes,
hêlagna heƀancuning. 'Nu ic thi, *hêrro*, scal', quað he
'gerno biddean, nu ic sus gigamalod bium,
that thu thînan holdan *scalc* *nu* hinan huerƀan lâtas,

---

452 folgeƀan *C.*
453 thuo *C.*
455 at êrist] odan *C.*
456 tharot *M.*
462 an *C.*
464 an *C.*
465 thea *M.* an *C.*
468 saligan *C.*
470 êr *fehlt C.*
472 selƀon *C.*
474 barn godes *C.*
475 *und Beginn v.* 476 (alma-) *ausrad. M.*
480 hier *C.*
482 scalc nu hinan | *Rieger, Roediger* 284.

an *thîna friðuuuâra* faran, thar êr mîna forðrun dedun,
uueros fon thesero uueroldi, nu mi the uuilleo gistôd,
dago lioƀosto, that ic mînan drohtin gisah,
holdan hêrron, sô mi gihêtan uuas
langa huîla. Thu bist lioht mikil
allun elithiodun, thea êr thes alouualdon
craft ne antkendun. Thîna cumi sindun
te dôma endi te diurðon, drohtin frô mîn,
aƀarun Israhelas, êganumu folke,
thînun lioƀun *liudiun.' Listiun talde thô
the aldo man an *them* alaha *idis* thero gôdun,
sagda sôðlîco, huô iro sunu scolda
oƀar thesan middilgard managun uuerðan
sumun te falle, sumun te frôƀru firiho *barnun,*
them liudiun te leoƀa, the is lêrun gihôrdin,
endi them te harma, the hôrien ni *uueldin*
Kristas lêron. 'Thu scalt noh', quað he, 'cara thiggean,
harm *an thînumu* herton, than ina heliðo barn
uuâpnun uuîtnod. That uuirðid thi uuerk mikil,
thrim te githolonna.' Thiu thiorna al forstôd
uuîsas mannas uuord. Thô quam thar ôc ên uuîf gangan
ald innan *them* alaha: Anna uuas siu hêtan,
dohtar Fanueles; siu habde ira drohtine uuel
githionod te thanca, uuas iru *githungan* uuîf.
Siu môsta aftar ira magaðhêdi, sîðor siu mannes uuarð,
erles *an êhti* eðili thiorne,
sô môsta siu mid ira brûdigumon *bôdlo* giuualdan
siƀun uuintar *saman.* Thô gifragn ic that iru thar sorga gistôd
that *sie* thiu mikila maht metodes tedêlda,
uurêð *uurdigiscapu.* Thô uuas siu uuidouua aftar thiu

---

483 *so Rückert, Roediger,* -warun *Heyne,* thinan fridu uuarun (-on *C*) *MC, vgl. Sievers, ZfdPh* 16, 112; *Kauffmann, PBB* 12, 344.
492 *Von* liudiun *bis* 582 giuuarð *tritt wieder S ein.*
493 themu *S.* idisiu *S.*
496 barnon *C,* barno *S.*
498 uueldun *C.*
500 on *C.* thinun (-on *C*) *CS.*
504 themu *S.*
506 githuungan *MC; vgl. Taeger, PBB (Tüb.)* 101, 188.
508 anthehti *M,* antheti *S; vgl. Taeger ebd.,* 197.
509 bodlu *C.*
510 somen *S,* samad *M.*
511 sia *C,* siu *S.*
512 uurdie giskapu *S.*

liudiun· Listiun talde tha 2r
the aldo monn ' an themu alahe idisiu theru godan·
sagde ' sođlica. hua ire sunu scolde
oƀer thessan ' middilgard monagun uuerđan
sumun ti ' falle sumun ti froƀre firiho barno.
them ' liudiun ti liaƀe thi is lerun gihardin.
endi ' them ti harme thi harian ni uueldin
Cristes ' lérun. Thu scalt noh quađ he kara thig'gian
harm an ṭhinun hertan. than ine he'liđa barn
uuapnun uúitnot. that uuirđit ' the uuerk mikil
thrim ti githolanne· Thiu ' thiorne all forstod
uuises monnes uuord· ' Tha caḿ thar (..) eń uúif gongan
ald innan ' thému alahe Ạnna uuas siu heten.
dohter ' Fanuheles. ṣịụ hedde ire drohtine uuel '
githionad t(.) thonke uuas iru githungen ' ụụịf·
Siu moste ahter ire magathedi siđor ' siu monnes uuarđ
erles ańtheti eđeli thior'ne.
so moste siu mid ire brudiguman bódla ' giuualdan
siƀun uuinter somen· Tha gi'fragn ek that iru thar sorga gistód.
that ' siu thiu mikile maht metodes tidelde '
uuréđ uurdie giscapu· Tha uuas sịu uuidu'ụue ahter thiu

---

503 Tha, T *vor den Textspiegel ausgerückt S.*

512 uuidu|ụue, *hinter* u[3] *akzentartiger Strich S.*

at them friðuuuîha fior endi *antahtoda*
uuintro an iro uueroldi, sô siu nia thana uuîh ni forlêt,
ac siu thar ira drohtine *uuel* dages endi nahtes,
gode thionode. *Siu* quam thar ôc gangan tô
an thea selƀun tîd: sân antkende
that *hêlage* barn godes endi them *heliðon* cûðde,
them uueroda aftar *them* uuîha uuilspel mikil,
quað that im neriandas ginist ginâhid uuâri,
helpa heƀencuninges: ‘nu is the hêlago Krist,
uualdand selƀo an thesan uuîh cuman
te *alôsienne* thea liudi, the hêr nu lango *bidun*
an thesara middilgard, managa huuîla,
thurftig thioda, sô nu thes thinges mugun
mendian *mancunni.’* Manag fagonoda
uuerod aftar *them* uuîha: gihôrdun uuilspel mikil
fon gode seggean. That geld habde thô gilêstid
thiu idis an *them* alaha, *al* sô it im an ira êuua gibôd
endi an thera *berhtun* burg *bôk* giuuîsdun,
hêlagaro handgiuuerk. Giuuitun im thô te hûs thanan
fon Hierusalem Ioseph endi Maria,
hêlag hîuuiski: habdun im heƀenkuning
simbla te gisîða, sunu drohtines,
managaro mundboron, sô it gio mâri ni uuarð
than uuîdor an thesaro uueroldi, *bûtan* sô is uuilleo geng,
heƀencuninges hugi.

---

513 An *C.* themu *S.* hunahtuđe *S,* ahtoda *C.*
515 uuel *fehlt C.*
516 siu *korr., zu* sia *?M.*
518 helage *fehlt C.* helitho *C.*
519 themu *S.*
523 alasianne *S,* alosannea *C.* bidadun *S.*
525–27 *die Abteilung nach Grein, Gm.* 11, 211.
525 thurhftig *C,* thurtiga *S.*
526 monna kunni *S.*
527 themu *S.*
529 themu *S.* al *fehlt C.*
530 ændi *M.* at *M.* berehtig *C.* buoki *C.*
534 simlun *S.*
535 *Rückert setzt Punkt nach* 535a; *ebenso Roediger* 284.
536 neuan *C,* neƀon *S; vgl. Taeger, PBB (Tüb.)* 101, 208.

at themu friđuuuihe   fíuuuar ' endi hunahtuđe
uuintró an ire uueraldi   so / siu nía thane uuih ni forlét.   2v
ak siu thar ' ire drohtine uuel   dages endi nahtes
gode ' thianade·   Siu cam thar ak gongan tó.
an ' the seluan tíd.   son untkiende
that helege ' barn godes.   endi them heliđun cuđde
them ' uuerede ahter themu uuihe   uúillspell ' mikil·
Quađ that im neriandes ginist.   gi'nahid uueri.
helpa heuancuninges·   Nu ' is the helega Crist
uualdan selua   an thes'san uuih cumen.
ti alásianne the liudi '   thi her nu longa bidadun
an thesseru ' middilgerd   monege huil.
thurtiga thi'ada.   so nu thes thinges mugun
mendian ' monna kunni·   Moneg feg.ṇade
uuered ' ahter themu uuihe   gihaṛḍun uuilspell ' mikil
fon gode seggian·   Tḥat geld hed'de tha gilestid
thiu idis an tḥemu alahe '   all so it im an ira ea gibád
endi an theru ' berhtan burg   bók giuuisdun
helegera ' hondgiuuerk·   Giuuitun iṃ tha ti hus ' thonan
fon Hierusalem   Ioseph endi Mari'a.
heleg hiski·   heddun im heƀencuning '
simlun ti gisiđe   sunu drohtines '
Monegera mundboran   so it iá meri (.)i ' uuarđ.
than uúidur an thesseru uue/raldi.   neƀon so is uuillia geng   3r
heƀencuninges ' hugi·

---

535 Monegera, M *12 mm hohe rote Kapitale innerhalb des Textspiegels; die vorausgehende, etwas kürzere Textzeile ist leicht zusätzlich eingerückt S.*

VII.*

Thoh thar than *gihuilic* hêlag man
Krist antkendi,   thoh ni uuarð it gio te thes kuninges hoƀe
them mannun gimârid,   thea im an iro môdseƀon
holde ni uuârun,   ac uuas im sô bihalden forð
mid uuordun endi mid uuerkun,   antthat thar uueros ôstan,
suîðo glauua gumon   gangan quâmun
threa te thero thiodu,   thegnos snelle,
an langan uueg   oƀar that land tharod:
folgodun ênun berhtun *bôkne*   endi sôhtun that barn godes
mid hluttru hugi: uueldun im hnîgan tô,
gehan im te iungrun: driƀun im godes giscapu.
Thô sie Erodesan thar   rîkean fundun
an is seli sittien,   *slîðuurdean* kuning,
môdagna mid is mannun: – *simbla* uuas he *morðes* gern –
thô quaddun sie ina cûsco   an cuning*uuîsun,*
fagaro an is flettie,   endi he frâgoda sân,
huilic sie ârundi   ûta *gibrâhti,*
uueros an thana uuracsîð: 'huueðer lêdiad gi *uundan* gold
te geƀu huilicun gumuno?   te huî gi *thus* an ganga kumad,
gifaran an *fôðiu*?   Huat, gi *nêthuuanan* ferran sind
erlos fon ôðrun thiodun.   Ic *gisihu* that gi sind eðili*giburdiun*
cunnies fon cnôsle gôdun: nio hêr êr sulica cumana ni uurðun
êri fon ôðrun thiodun,   sîðor ik môsta thesas erlo folkes,
giuualdan *thesas* uuîdon rîkeas.   Gi sculun mi te uuârun seggean
for thesun liudio folke,   *bihuuî* gi sîn te thesun lande *cumana'.*
Thô sprâcun im eft *tegegnes*   gumon ôstronea,
uuordspâhe uueros: 'uui thi te uuârun mugun', quâðun sie,

---

537 VII *in C nach* drohtines *in* 534; *entsprechend* Monegera *S* 535 *mit Initiale. Vgl. Taeger ebd.*, 204.
537 huilic (-k *C*) *MCS; vgl. Taeger ebd.*, 193.
542 tulgo *S.*
544 an] an oƀar *C.*
545 bogne *M.*
546–47 *vgl. Schumann, Gm.* 30, 68.
546 hugiu *C.*
547 gean *M,* gan *C.*
549 sliđuuardan *C,* sliđuurdiene *S.*
550 simlun *S.*   muodes *C.*
551 -uuisu *C,* -uuisan *S.*
553 brahti *C.*
554 giuunden *S.*
555 sus *C.*
556 fathie *C,* fađi *S.*   netuuanan *M.*
557 gisiu *M.*   -giburdion *C,* -giburdie *S; vgl. Taeger, PBB (Tüb.)* 101, 219.
559 er *S.*
560 thes *S.*
561 bi huon *S.*   cuman *C.*
562 tigene *S.*

Thah thar than huilic heleg monn
Crist ' untkiend(.)· thah ni uuarđ it iá ti thes cunin'ges houe
(.)hem monnun gimerid the im an ' ira mods(.)ƀan
holde ni uuerun· ak uuas im ' so bihald(..) forđ
mid uuordun endi mid uuer'cun. unt(..)ṭ thar uueros ástan
tulgo glauuue ' guman g̣(.)ngan camun·
thríe ti theru thiadu ' thegnos snelle
an longan uueg ouer that land ' tharod.
folgadun enun berhtan bakne ' endi sohtun that barn godes
mid hlúttru hu'gi. uueldun im hnigan tó
gehan im ti giun'gerun driƀun im godes giscapu·
Tha sie E'rodes thar rikiene fundun
an is séli sitti'an slíđuurdiene kuning.
modegne mid is ' monnun· simlun uuas he mórđes gern·
Tha ' queddun sie ine kusco an cuninguuisan
fa'gara an is flettie endi he fregade son
hui'lic sie erundi uṭe gibrohti
uueros an thane ' uúreksiđ· Hueđer lediat ge giuunden ' gold·
ti geuu huilicun gumona· ti hui ge ' thus an gonge cumat·
gifaren an fađi huat ' ge neƀhuonan f̣erran sind·
erlos fon ođrun ' thiadun· ek gisiu that ge sind éđeligibur'die
cunnies fon knosle godun· nio hér ér / sulike cumene ni uurdun 3'
eŕ fọn ođrun ' thiadun. siđor ek moste thesses erla folkies '
giuualdan thes uuidan rikies· g̣e sculun me ' ti uuaran seggian
fore thessun (.)iudia fol'kie· bihúon ge siń ti thessun lạ(.)de cumene '
Tha sprakun im eht tigene gum(.)n ástruni'e.
uuordspahe uueros· Vue t(..) ti uuaran ' mugun quadun sie

---

557 éđeligiburdie *durch Rasur aus* elđ . . . *S.*

562 Tha, T *vor den Textspiegel ausgerückt S.*

'ûse ârundi ôðo *gitellien,*
giseggean sôðlîco, *bihuuî* uui quâmun an thesan sið herod
fon *ôstan te* thesaro erðu. Giu uuârun thar aðalies man,
gôdsprâkea gumon, thea ûs gôdes sô filu,
helpa gihêtun fon heƀencuninge
uuârum uuordun. Than uuas thar ên *giuuittig* man,
frôd endi filuuuîs – forn uuas that giu –,
ûse aldiro ôstar hinan, – thar ni uuarð sîðor ênig man
sprâkono sô *spâhi –; he* mahte rekkien spel godes,
huuand im habde forliuuan liudio hêrro,
that he mahte fon erðu up gihôrean
uualdandes uuord: bithiu uuas is giuuit mikil,
thes *thegnes* githâhti. Thô he thanan scolda,
ageƀen gardos, gadulingo gimang,
forlâten liudio drôm, sôkien lioht ôðar,
thô *he is* iungron hêt gangan nâhor,
erƀiuuardos, endi is erlun thô
sagde sôðlîco: – that al sîðor quam,
giuuard* an thesaro uueroldi –: *thô sagda he* that hêr scoldi cuman
mâri endi mahtig an thesan middilgard ⌊ên uuîscuning
thes bezton giburdies; quað that *it* scoldi uuesan barn godes,
quað that he thesero *uueroldes* uualdan scoldi
gio te êuuandaga, erðun endi himiles.
He quað that an them selƀon daga, the ina sâligna
an thesan middilgard môdar gidrôgi,
sô quað he that ôstana *ên* scoldi skînan
himiltungal huît, sulic sô uui hêr ne habdin êr
undartuisc *erða* endi himil ôðar huerigin,
ne sulic barn ne sulic bôcan. Hêt that thar te bedu fôrin
threa man fon thero thiodu, hêt sie thenkean uuel,
huan êr sie gisâuuin ôstana up *sîðogean,*

564 gitellien *fehlt C.*
565 bi huon *S.*
566 te *fehlt MS; vgl. Taeger ebd.,* 199.
569 uuittig *M.*
572 spahi hie *C;* spe *(so)* huonde he *S.* he *fehlt M; vgl. Stübiger, Nd. Jb.* 76, 8, *Anm.; Taeger, PBB (Tüb.)* 101, 202.
573 huonde he mahte im *S (so); vgl. Taeger ebd.*
576 tegnes *C.*
577 afgeben *M.*
579 he im is *M.*
582 tho sagda he *getilgt von Heyne, Rückert, Kauffmann, PBB* 12, 333; *dagegen Bruckner, D. as. Gen. S.* 58.
584 *Zu* thes *vgl. Braune zu Gen.* 269. hie *C.*
585 uueroldi *C.*
589 ên *fehlt M.*
591 erthu *C.* sithion *C.*

use erundi (.)đa gitelli'an.
giseggian sóđlica bihuon ųue camun an ' thessan síđ herod
fon astan thesseru erđu· ' Gíu uuarun thar ađelies menn
gódsprake gu'man the ús godes so uilu
helpa gihetun fon he'ƀencuninge.
uuarun uuordun· than uuas thar ' eń giuuittig monn
fród endi filu uúis fuŕn uuas ' that gíu.
use áldiera asteŗ hinan· thar ni uuarđ ' siđur enig monn
sprekana so spé· huonde he ' mahte rekkian spell godes
huonde he mahte ' im hedde forlíen liuḍ.ạ herra·
that hẹ ṃahte ' fon erđu upp giharian
uualdandes uuord ' bethiu uuas is giuuitt mikịl
thes thegnes gi'thahti· Tha he thonan scolde
ageuan gardos ' gadulinga gimong
forletan liudia dróm so'kian lioht óđer.
tha he is giungeron hét gon'gan nahur
erƀiuuardos· endi is erlun tha '
segde sóđlica. that all siđor cam.
giuuarđ /

---

573 liuḍ.ạ, d *anscheinend durchstrichen (?) S.*

---

that godes bõcan gangan, hêt sie garuuuian sân,
hêt that uui im folgodin, sô it furi uurði,
uuestar oƀar thesa *uueroldi.* Nu is it al giuuârod sô,
cuman thurh craft godes: the cuning is gifôdit,
giboran bald endi strang: uui gisâhun is bôcan skînan
hêdro fon himiles tunglun, sô ic uuêt, that it hêlag drohtin,
marcoda *mahtig* selƀo. Uui gisâhun morgno gihuilikes
blîcan thana berhton sterron, endi uui gengun aftar them bôcna [herod
uuegas endi uualdas huuîlon. *That uuâri ûs* allaro uuilleono mêsta,
that uui ina *selƀon gisehan môstin,* uuissin, huar uui *ina* sôkean [scoldin,

---

597 uuerold *M.*
601 mahtig *subst. Sehrt S.* 357.
603 uuari us that *C.*
604 selƀan gisauuin *C.* ina] ina selƀon *C.*

thana cuning *an* thesumu kêsurdôma.   Saga ûs, undar huilicumu he sî thesaro cunneo afôdit.'
Thô uuarð Erodesa   innan briostun
harm uuið herta,   bigan *im* is hugi uuallan,
sebo mid sorgun: gihôrde seggean thô,
that he thar *obarhôbdon*   êgan *scoldi,*
craftagoron cuning   cunnies gôdes,
sâligoron undar them gisîðea.   Thô he samnon hêt,
sô huuat sô an Hierusalem   gôdaro manno
allaro spâhoston   sprâcono uuârun
endi an iro brioston   bôkcraftes mêst
uuissun te uuârun,   endi he sie mid *uuordun* fragn,
suîðo niudlîco   nîðhugdig man,
cuning thero liudio,   huar Krist giboran
an uueroldrîkea   uuerðan scoldi,
friðugumono bezt.   Thô sprak im eft *that folc* angegin,
that uuerod uuârlîco,   quâðun that sie uuissin garo,
that he scoldi an Bethleem giboran uuerðan: 'sô is an *ûsun* bôkun giscriban,
uuîslîco giuuritan,   sô it uuârsagon,
suuîðo glauua gumon   bi godes crafta
filuuuîse man   furn gisprâcun,
that scoldi fon Bethleem   burgo hirdi,
liof landes uuard   an thit lioht cuman,
rîki râdgebo,   the rihtien scal
Iudeono gumskepi   endi *is geba uuesan*
mildi obar middilgard   managun thiodun.'

VIII.

Thô gifragn ic that sân aftar thiu   slîðmôd cuning
thero uuârsagono uuord   them uurekkiun sagda,
thea thar an *elilendi*   erlos uuârun

---

605 an] undar *C, vgl. Schumann, Gm.* 30, 68.
607 im *fehlt C.*
609 obar hobd on *Müllenhoff.* scolda *C.*
610 craftigron *C, dazu Steinger, Nd. Jb.* 51, 5.
611 saligro *C.*
615 is uuorðon *C.*
619 that folc *fehlt C.*
621 usso *C.*
624 filouuiso *C.*
628 *so Müllenhoff,* uuesan is geba *MC, vgl. Grein, Gm.* 11, 211.
630 Tho, *Initiale* T *fehlt M.*
632 elilendie *M.*

ferran gifarana, endi he frâgoda aftar thiu,
huan sie an ôstaruuegun êrist *gisâhin*
thana cuningsterron *cuman,* cumbal liuhtien
hêdro fon himile. Sie ni uueldun is im thô helen *eouuiht,*
ac sagdun it im sôðlîco. Thô hêt he sie an thana sîð faran,
hêt that sie ira ârundi al undarfundin
umbi thes kindes cumi, endi the cuning selƀo gibôd
suîðo hardlico, hêrro Iudeono,
them uuîsun mannun, êr than sie fôrin *uuestan* forð,
that sie im eft gicûðdin, huar he thana cuning scoldi
sôkean *at* is *selðon;* quað that he thar uueldi mid is gisîðun tô,
bedan *te them* barne. Than hogda he im te banon uuerðan
uuâpnes eggiun. Than eft uualdand god
thâhte uuiđ them thinga: *he* mahta *athengean* mêr,
gilêstean an thesum liohte: that is noh lango skîn,
gicûðid craft godes. Thô gengun eft thiu cumbl forð
uuânum undar *uuolcnun.* Thô uuârun thea uuîson man
fûsa te faranne: giuuitun *im* forð thanan
balda an bodskepi: uueldun that barn godes
selƀon sôkean. Sie ni habdun thanan gisîðeas mêr,
bûtan that sie thrie uuârun: uuissun im thingo giskêđ,
uuârun im glauue gumon, the thea geƀa lêddun.
Than sâhun sie sô uuîslîco undar thana uuolcnes skion,
up te them hôhon himile, huô fôrun thea huuîton sterron
– antkendun sie *that* cumbal godes –, *thiu* uuârun thurh *Krista*
giuuarht te thesero uueroldi. Thea uueros aftar gengun, [herod
folgodun ferahtlîco – sie frumide the mahte –
antthat *sie* gisâhun, sîðuuôrige man,
berht bôcan godes, blêc an himile
stillo gistanden. The *sterro* liohto skên

634 gisahun *C.*
635 cuman *fehlt C.*
636 eouuiht] uuiht *M, dazu Heusler, Versgeschichte* I 176.
641 uuestan *Martin, ZfdA* 40, 127] uuestar *M,* uuester *C.*
643–44 *die Abteilung nach Grein, Gm.* 11, 211.
643 an *M.* seldo *M.*
644 to than *C.*
646 he] endi *C.* githenkean *C.*
649 uuolcnun] thiu uuolcan *C.*
650 im] im eft *C.*
652 selƀan *C.*
653 neuan *C.*
657 that] thiu *C.* thiu] tha *C.* Crist *C, vgl.* 991.
660 sia thuo *C.*
662 steorra *C, dazu Karg, PBB* 50, 311.

huuît obar them hûse,   thar that hêlage barn
uuonode an uuilleon   endi ina that uuîf biheld,
thiu thiorne githiudo.   Thô uuarð *thero* thegno hugi
blîði an iro briostun: bi them bôcna forstôdun,
that sie that friðubarn godes   funden habdun,
hêlagna hebencuning.   Thô sie an that hûs innan
mid iro gebun gengun,   gumon ôstronea,
sîðuuôrige man: sân antkendun
thea uueros uualdand Krist.   Thea uurekkion fellun
te them kinde an kneobeda   endi ina an cuninguuîsa
gôdan grôttun   endi im thea geba drôgun,
gold endi *uuîhrôc*   bi godes têcnun
*endi *myrra* thar *mid.*   Thea man stôdun garouua,
holde for iro hêrron,   thea it mid iro handun sân
fagaro *antfengun.*   Thô giuuitun im thea *ferahton* man,
seggi te seldon   sîðuuôrige,
gumon an gastseli.   Thar im godes engil
slâpandiun an naht   *suueban* gitôgde,
gidrog *im* an drôme,   al so it drohtin self,
uualdand uuelde,   *that im thûhte* that man im mid uuordun gibudi,
that sie im* thanan ôðran uueg,   erlos fôrin,
liðodin sie te lande   endi thana lêðan man,
Erodesan   eft ni sôhtin,
môdagna cuning.   Thô uuard morgan cuman
uuânum te thesero uueroldi.   Thô bigunnun thea uuîson man
seggean iro suebanos;   selbon antkendun
uualdandes uuord,   huuand sie giuuit mikil
bârun an iro briostun: bâdun alouualdon,
hêron hebencuning,   that sie môstin is huldi forð,
giuuirkean is uuilleon,   quâðun that sea *ti* im habdin giuuendit hugi,

---

665 thero *fehlt C.*
674 *vgl. Jellinek, AfdA* 21, 215; 29, 34; *Behaghel, H. u. G., S.* 37.   uuihrog *M.*
675 *Von* endi *bis* 683 im *tritt wieder S ein.*   myrran *S.*   midi *C.*
677 atfengun *S.*   ferhaton *M.*
680 suebn *S*, seban *C.*
681 im *(ü. d. Z. einkorr. S) CS,* in *M; vgl. Taeger, PBB (Tüb.)* 101, 195.
682 *Nach* uualdand *zwei unlesb. Buchst. S.*   uuelde. That *Roediger;* that im th. *streichen Heyne u. Rückert; Grein zieht dies zu* 682a, *Gm.* 11, 212; *vgl. Roediger* 280; *Behaghel, Gm.* 27, 416.
691 heran *C.*
692 ti *fehlt M.*

endį ṃyṛran thar mid· the menn stodun garæ ' 4r
holde fore ira herran the it mid ira hondun soń '
fagẹra atfengun· Tha giuuitun im the ferhtan ' menn
seggi ti séliđun siđuuorige
gumun an ' gestseli thar iṃ godes engil
slápandiun an ' naht sueƀṇ gịṭagde
gidrog im an drome· all so it ' drohtin seḷf
uualdand.. ụueldẹ that im thuh'te that man im mid uuọṛdun gibudi
that sie im '

⟨mit dem Mittelstreifen fehlen die vv. 683a (teilw.) – 692b (teilw.)⟩

692 – – – – g – – – – – '

---

680 sueƀṇ *(nach* ƀ *nur 1 Buchstabe), so am ehesten S.*

681 im *über der Zeile einkorrigiert* (-m *beschädigt) S.*

692b *Zeile fast ganz abgeschnitten S.*

**iro* môd *morgan gihuuem.* Thô *fôrun* eft thie man thanan,
erlos ôstronie, al sô im the engil godes
uuordun giuuîsde: nâmun im uueg ôðran,
fulgengun godes lêrun: ni uueldun *themu Iudeo* cuninge
umbi thes barnes giburd bodon ôstronie,
sîðuuôrige man seggian *giouuiht,*
ac uuendun im eft an iro uuillion.

IX.*

Thô uuarð sân aftar thiu uualdandes,
godes engil, cumen Iosepe te *sprâcun,*
sagde im an suuefne slâpandium *an* naht,
bodo drohtines, that that barn godes
slîðmôd cuning sôkean uuelda,
âhtean is aldres; 'nu *scaltu* ine an Aegypteo
land *antlêdean* endi undar them liudiun uuesan
mid thiu godes barnu endi mid theru gôdan thior*nan,
uunon undar themu uuerode, untthat thi uuord *cume*
hêrron thînes, that thu that hêlage barn
eft te thesum landscepi lêdian môtis,
drohtin thînen.' Thô fon them drôma ansprang
Ioseph an is gestseli, endi that godes gibod
sân antkenda: giuuêt im an *thana* sîð thanen
the thegan mid theru thiornon, sôhta im thiod ôðra
oƀar brêdan berg: uuelda that barn godes
fiundun antfôrian. *Thô gifrang aftar thiu
Erodes the cuning, thar he an is rîkea sat,
that uuârun thea uuîson man uuestan gihuuorƀan

---

693 *Von* ira *bis* 706 thior⟨nan⟩ *tritt wieder S ein. Endi iro C.* morgno *Roediger*; huuem *M.* morgana gihuilikes *S. Vgl. Taeger, PBB (Tüb.)* 101, 196. for:: *(zwei Buchst. unlesb.)* im *S.*
696 them *CS.* Iuđeono *C.*
698 niouuiht *M.*
699 VIIII *in C nach* thanan 693; *in S* ⟨T⟩ho 693 *mit Initiale vorgesehen (nicht ausgeführt). Vgl. Taeger ebd.,* 206.
700 spraku *S.*
701 on *C.*
704 scalt thu *CS.*
705 aledean *C.*
707 cumæ *M.*
712 than *M.*
715 *Von* Th⟨o⟩ *bis* 722 heliđas *tritt wieder S ein.*
717 tha *C.*

ịra moḍ moŗg̣ạṇa gihuilikes· '

⟨T⟩HA foŗ.. ịm ẹht the menn thonan.
erlos ' astruṇịẹ   all so im the engil godes
uu(.)r'dun giụụisdẹ   namun im uueg ođerne.
ful'gengun godẹṣ ḷẹrun   ni uueldun them Giude'ona cuningẹ
ụṃbi thes barnes giburd   bodan ' astrunie
sịđu.orige menn   seggian iauuiht· /
Ac uuendun im eht an ira uuillian·   Thạ uuarđ ' son ahter thiu uual-
godes engil cumen '   Iosepe ti sprakụ   ⌊dandes   4v
sagde im an sueƀne.   slapan'diun an naht
bodọ drohtines   that that barn go'des
sliđmod cuning   sokian uuelde
ohtian is ' aldres·   Nu scalt thu ine an Aegypṭịa
land unt'ledian   endi under them liudiun uuesan
mid ' thiu godes barnu   endi mid theru godan thior'

⟨mit dem Mittelstreifen fehlen die vv. 706 (Ende) – 715b (teilw.)⟩

Ṭḥ(.) gịf(...)g – – – – –
– – – – – – – – – –   – – ' ḥe an is rikie ṣat
that uuaruṇ the uuisan ' menn   uuestan gihuorƀen

---

693 *Hinter* gihuilikes· *Rest der Zeile leer; von der folgenden Zeile an für* ⟨T⟩ *von* ⟨T⟩HA *3 Zeilen hoher Leerraum links am Rand des Textspiegels, Initiale fehlt* ([T] HA *Capitalis rustica) S.*

704 ægypṭịa *S.*

715bf. *Zeile größtenteils abgeschnitten;* Ṭḥ(.), T *vor den Textspiegel ausgerückt S.*

ôstar an iro ôðil endi fôrun im ôðran uueg:
uuisse *that* sie *im* that ârundi eft ni uueldun
seggian an is selðon. Thô *uuarð* im *thes* an sorgun hugi,
môd mornondi, quað that it *im* thie man dedin,
heliðos* te hônðun. Thô he *sô* hriuuig sat,
balg ina an is briostun, quað that he is mahti *betaron* râd,
ôðran githenkien: ‘nu ic is aldar can,
uuêt is *uuintergitalu:* nu ic giuuinnan mag,
that he *io* oƀar thesaro erðu ald ni uuirðit,
hêr undar thesum heriscepi.’ Thô he sô hardo gibôd,
Erodes oƀar is riki, hêt thô is rinkos faran
cuning thero liudio, hêt that sie kinda sô filo
thurh iro handmagen hôƀdu binâmin,
sô managbarn umbi Bethleem, sô filo sô thar giboran uurði,
an tuêm *gêrun atogan.* Tionon frumidon
thes cuninges gisîðos. Thô scolda thar sô manag kindisc man
sueltan sundiono lôs.

---

719 that ti uuaran that *S.* im *fehlt C.*
720 uuas *C. Zu* thes *Bruckner, D. as. Gen. S.* 12.
721 imu *S.*
722 *Mit* heliđas *endet S.* sô *fehlt C.*
723 beteran *C,* odran *M.*
724 oðran] betaron *M.*
725 uuintro gitalu *C.*
726 io *fehlt M.*
727 herr *C.*
732 jaro gitogen *C.*
733 thes *fehlt C.*
734 sueltan *fehlt M.*

aster.an irą ođil ' ęndi forun im ođerne uueg·
uuisse that ' ti uuaran that sie im that ạrundi eht ni ' uueldun
seggian an is séḷiđun· tha uuarđ ' im thas an sorgun hugi
mọd murnandi ' quađ that it imu the menn dedin
heliđas /

---

718 aster.an, *Trennpunkt einkorrigiert S.*

Thô giuuêt im mahtig self
an ênna berg uppan, barno rîkiost,
sundar gesittien, endi im selƀo gecôs
tuueliƀi getalda, treuuafta man,
gôdoro gumono, thea he im te iungoron forð
allaro dago gehuuilikes, drohtin uuelda
an is gesîðskepea simblon hebbean.
Nemnida sie thô bi naman endi hêt sie *im thô* nâhor gangan,
Andreas endi Petrus êrist sâna,
gebrôðar tuuêne, endi bêðie mid im,
Iacobus endi Iohannes: sie uuârun gode *uuerðe*;
mildi uuas he *im* an is môde; sie uuârun ênes mannes suni
bêðie bi geburdiun; sie *côs* that barn godes
gôde te iungoron endi gumono filu,
mâriero manno: Mattheus endi Thomas,
Iudasas tuuêna endi Iacob ôðran,
is selƀes suuiri: sie uuârun fon *gisustruonion* tuuêm
cnôsles cumana, Krist endi Iacob,
gôde gadulingos. Thô habda thero gumono thar
the neriendo Krist niguni getalde,
treuuafte man: thô hêt he ôc thana tehandon gangan
selƀo mid them gisîðun: Sîmon uuas he hêtan;
hêt ôc Bartholomeus an thana berg uppan
faran *fan* them folke âðrum endi Philippus mid im,

1255 im thô *fehlt C.*
1258 lioƀa *C.*
1259 im *fehlt C.*
1260 gicos *C.*
1264 suuestron *M.*
1269 selbon *C.*
1271 far *M.*

treuuafte man. Thô gengun sie tuueliƀi samad,
rincos te theru rûnu, thar *the* râdand sat,
managoro mundboro, the allumu mancunnie
uuið hellie gethuuing helpan uuelde,
formon uuið them ferne, sô huuem sô frummien uuili
sô lioƀlîka lêra, sô he them liudiun thar
thurh is giuuit mikil *uuîsean* hogda.

XVI.

*Thô umbi thana *neriendon* Krist nâhor gengun
sulike gesîðos, sô he im selƀo gecôs,
uualdand undar them uuerode. Stôdun uuîsa man,
gumon umbi thana godes sunu gerno suuîðo,
uueros an uuilleon: uuas im thero uuordo *niud,*
thâhtun endi thagodun, huuat im *thero* thiodo drohtin,
uueldi uualdand self uuordun cûðien
thesum liudiun te *lioƀe.* Than sat im the landes hirdi
geginuuard for them gumun, godes êgan barn:
uuelda mid is sprâcun spâhuuord manag
lêrean thea liudi, *huuô* sie lof gode
an thesum uueroldrîkea uuirkean scoldin.
Sat im thô endi suuîgoda endi sah sie an lango,
uuas im hold an is hugi hêlag drohtin,
mildi an is môde, endi thô *is mund* antlôc,
uuîsde *mid* uuordun uualdandes sunu
manag mârlîc thing endi them *mannum sagde*
spâhun uuordun, them the he te theru sprâcu *tharod,*
Krist alouualdo, gecoran habda,
huuilike uuârin allaro irminmanno
gode uuerðoston gumono cunnies;

1273 hie *C; vgl. Roediger* 285; *Colliander* 181.
1278 uuesan *C.*
1279 *Hier beginnt V.* neriendan *C.*
1283 niut *M.*
1284 thesoro *M.*
1286 lioua *V,* lobe *M.*
1288 uuolda *C.*
1289 hu *V.*
1293 is *fehlt V.* mund *MV,* muđ *C; Foerste, DPhiA* I 1743, s. *Hel.* 1903.
1294 mid is *C.*
1295 *die Abteilung nach Grein, Gm.* 11, 212; mannun ‖ sagda *Rückert.*
1296 tharod *fehlt M.*

sagde im thô te *sôðan,* quað that thie sâlige uuârin,
man an thesoro middil*gardun,* thie hêr an iro *môde* uuârin
arme thurh *ôdmôdi:* 'them is that *êuuana* rîki,
suuîðo hêlaglîc an heƀanuuange
sinlîf fargeƀen.' Quað that ôc sâlige uuârin
mâđmundie man: 'thie môtun thie mârion erðe,
ofsittien that selƀe rîki.' Quað *that* ôc sâlige uuârin,
thie hîr *uuiopin* iro uuammun dâdi; 'thie môtun eft uuillion gebîdan,
frôfre *an iro frâhon rîkia.* Sâlige sind ôc, the sie hîr frumono *gilustid,*
rincos, that *sie* rehto adômien. Thes môtun sie uuerðan an them
[rîkia drohtines
gifullit thurh iro ferhton dâdi: sulîcoro môtun sie frumono *bicnêgan,*
thie rincos, thie hîr rehto *adômiad,* ne uuilliad an *rûnun* besuuîcan
man, thar sie *at* mahle *sittiad.* Sâlige sind ôc them hîr mildi uuirðit
hugi an heliðo briostun: them uuirðit the hêlego drohtin,
mildi mahtig selƀo. Sâlige sind ôc undar thesaro managon thiodu,
thie hebbiad iro herta *gihrênod:* thie môtun thane heƀenes uualdand
sehan an sînum rîkea.' Quað *that ôc* sâlige uuârin,
'thie *the friðusamo* undar thesumu *folke libbiod* endi ni uuilliad
[êniga fehta geuuirken,
saca mid iro selƀoro *dâdiun:* thie môtun uuesan suni drohtines
[*genemnide,*
huuande he im *uuil* genâdig uuerðen; *thes* môtun sie niotan lango

---

1300 sode *M; zu* suoðan *V,* suothen *C vgl. Bretschneider, Heliandh. S.* 47.
1301 -gard *M;* thesun middilgardun *Schlüter, Nd. Jb.* 20, 117, *Steinger, Nd. Jb.* 51, 3. muodi *V.*
1302 ođmuodig *C.* euuiga *M, dazu Steinger S.* 3.
1306 afsittean *V.* that *fehlt V, dazu Steinger S.* 4.
1307 uuiopun *C,* uuiopin *VM, dazu Steinger S.* 4.
1308 an iro rikia *M,* an them selƀon rikie *C,* an iro frâhon rikea *V, dazu Braune S.* 240f., *Steinger S.* 3. gilustin *C, dazu Steinger S.* 4.
1309 sia hier *C, dazu Steinger S.* 4.
1310 bicnegan ([-kn- *V, korr., C*] *MVC*)] bikriegan *Krogmann, Nd. Jb.* 80, 40.
1311 duomcat *V.* runu *C, dazu Steinger S.* 4
1312 an *VC; vgl. ATB 4, S.* XVII, *Anm.* 9. sittean *C.*
1315 thie *fehlt C, dazu Steinger S.* 4. gihrinid (-hren- *V*) *CV, dazu Steinger S.* 6.
1316 ok that *V, dazu Steinger S.* 4.
1317 hier *C, dazu Steinger ebda.* -samu *V,* -sama *C.* folku *V.* libbiod *M, vgl. Gallée, Gramm.* § 412.
1318 gidadeon *C, dazu Steinger S.* 4. genemnide *von Franck, ZfdA* 38, 241 *zu* 1319 *gezogen.*
1319 uuili *VC, dazu Steinger, Nd. Jb.* 51, 7.
1319, 20 thas *V.*

selƀon *thes* sînes rîkies.' Quað that ôc sâlige uuârin
thie rincos, the rehto uueldin, 'endi thurh that tholod rîkioro manno
heti endi harmquidi: them is ôc an himile *eft*
godes uuang forgeƀen endi gêstlîc lîf
aftar te êuuandage, sô *is* io endi ni cumit,
uuelan uunsames.' Sô habde thô uualdand Crist
for them erlon thar ahto getalda
sâlda gesagda; mid them scal simbla gihuue
himilrîki gehalon, ef he it hebbien uuili,
ettho he scal te êuuandaga aftar tharƀon
uuelon endi uuillion, sîðor he these uuerold agiƀid,
erðlîƀigiscapu, endi sôkit im ôðar lioht
sô liof sô lêð, sô he mid thesun liudiun hêr
giuuercod an thesoro uueroldi, al sô it thar thô mid is uuordun
Crist alouualdo, cuningo rîkiost ⌊sagde
godes êgen barn iungorun sînun:
'Ge uuerđat ôc *sô* sâlige', quað he, 'thes iu saca *biodat*
liudi aftar theson lande endi lêð *sprecat,*
hebbiad iu te *hosca* endi harmes filu
geuuirkiad an thesoro uueroldi endi uuîti gefrummiad,
felgiad iu firinsprâka endi fîundscepi,
lâgniad iuuua lêra, dôt iu lêðes *filu,*
harmes thurh *iuuuen* hêrron. Thes lâtad gi euuan hugi *simbla,*
lîf an lustun, huuand iu that lôn stendit
an godes rîkia garu, gôdo gehuuilikes,
mikil endi managfald: that is iu te mêdu fargeƀen,
huuand gi hêr êr biforan arƀid tholodun,
uuîti an thesoro uueroldi. Uuirs is them ôðrun,
giƀiđig grimmora thing, them the hêr gôd êgun,
uuîdan uuorolduuelon: thie forslîtat iro uunnia hêr;

1322 eft *ergänzt von Roediger.*
1323 goda *C, dazu Steinger S.* 4.
1324 thes *C, dazu Steinger ebda.*
1325 uuelono uunsamost *C, dazu Steinger ebda.*
1329 ettho *M,* eftha (-o *V*) *CV, dazu Steinger S.* 6, 24.
1336 sô *fehlt C.* beodon *V; zum Konjunktiv Steinger S.* 4.
1337 sprecan *M.*
1338 husca *V, dazu Steinger S.* 6.
1341 *zu* lagniad *M, Steinger S.* 7, 40. so filu *M.*
1342 iuuaron *C, dazu Steinger S.* 4. simlon *V,* sinnon *C, dazu Steinger ebda.*
1348 gibidat *M.*
1349 uuidon *C,* uuidana *V, dazu Steinger, Nd. Jb.* 51, 7.

geniudot sie genôges,   sculun eft narouuaro thing
aftar iro hinferdi   heliðos *tholoian.*
Than *uuôpian* thar uuanscefti,   thie hêr êr an uunnion *sîn,*
libbiad an *allon* lustun,   ne uuilliad thes farlâtan uuiht,
mêngithâhtio,   thes sie an iro môd spenit,
lêðoro gilêstio.   Than im that lôn cumid,
ubil arbetsam,   than sie is thane endi sculun
sorgondi gesehan.   Than uuirðid im sêr hugi,
thes sie* thesero uueroldes sô filu   uuillean fulgengun,
man an iro môdsebon.   Nu sculun gi im that mên lahan,
uuerean mid uuordun,   al sô ic giu nu geuuîsean mag,
seggean sôðlîco,   gesîðos mîne,
uuârun uuordun,   that gi thesoro uueroldes nu *forð*
sculun salt uuesan,   sundigero manno,
bôtian iro baludâdi,   that sie *an* betara thing,
folc farfâhan   endi *forlâtan* fiundes giuuerk,
diubales gedâdi,   endi sôkean iro drohtines rîki.
Sô sculun gi mid iuuuon lêrun   liudfolc manag
uuendean aftar mînon uuilleon.   Ef iuuuar than auuirðid huuilic,
farlâtid thea lêra,   thea he lêstean scal,
than is im sô them salte,   *the* man bi sêes staðe
uuîdo teuuirpit: than it te uuihti ni dôg,
ac it firiho barn   fôtun spurnat,
gumon an greote.   Sô uuirðid them, the that godes uuord *scal*
mannum mârean: ef he im than lâtid is môd tuuehon,
that hi ne uuillea mid hluttro hugi   *te* hebenrîkea
spanen mid is sprâcu   endi seggean spel godes,
ac uuenkid thero uuordo,   than uuirðid im uualdand gram,

1351 tholian *V.*

1352 uuopiat *MC,* uuopan *V.* sind *VC, die Konjunktive wohl ursprünglich, Steinger S.* 4.

1353 allon *fehlt M, dazu Steinger S.* 3.

1354 *vgl. Schumann, Gm.* 30, 70; *Behaghel, Gm.* 27, 417.

1358 *Mit* thes sie *schließt V.*

1362–63 fordh sculun ‖ salt uuesan sundigaro manno | *mit fehlendem zweitem Halbvers Rieger, ZfdPh* 7, 46.

1364 betien *M, vgl. Gallée, Gramm.* § 87, *Anm.;* buotean *C.* an that *M.*

1365 forlatean *C.*

1366 diubules *M.*

1370 the] them *C,* them the *Wilhelmy S.* 37.

1373 scal *fehlt C.*

1375 that he mit hlutru hugiu | ni uuillie te *Rückert.*

mahtig môdag,   endi sô samo manno barn;
uuirðid allun *than*   irminthiodun,
liudiun alêđid,   ef *is* lêra ni *dugun.*'

1379 them *C.*

1380 hie is *C.*   dog *C.*

XXV.

Geuuêt imu thô mid is iungoron   fan them gômun *forð*
Kristus te Capharnaum,   cuningo rîkeost,
te theru mâreon burg.   Megin samnode,
gumon imu tegegnes,   gôdoro *manno*
sâlig gesîði: uueldun thiu *is* suôtean uuord
hêlag *hôrien.*   *Thar* im ên hunno quam,
ên gôd man angegin   endi ina gerno bad
helpan hêlagne,   quað that hi undar is hîuuiskea
ênna lêfna *lamon*   lango habdi,
seocan an is selðon: 'sô ina ênig seggeo ne mag
handun gehêlien.   Nu is im thînoro helpono tharf,
frô mîn the gôdo.'   Thô sprac im eft that friðubarn godes
sân aftar thiu   selƀo tegegnes,
quað that he thar quâmi   endi that kind *uueldi*
nerean *af* theru nôdi.   Thô im nâhor geng
the man far theru menigi   uuiđ sô mahtigna
uuordun uuehslan: 'ic thes uuirðig ne bium,' quað he,
'hêrro the gôdo,   that thu an mîn hûs cumes,
sôkeas mîna seliða,   huand ic bium sô sundig man
mid uuordun endi mid uuercun.   Ic gelôƀiu that thu geuuald haƀas,
that thu ina *hinana* maht   hêlan geuuirkean,
uualdand frô mîn: ef thu it mid *thînun uuordun* gesprikis,
than is sân thiu lêfhêd lôsot   endi uuirðid is lîchamo
hêl endi hrêni,   ef thu im thîna helpa fargiƀis.

2088 forð *fehlt C.*

2091 *nach* manno *setzen Sievers und Piper ein Komma.*

2092 is *fehlt M.*

2093 *vgl. Jellinek, ZfdA* 36, 541.   gihorian *C.*   than *M.*

2096 *vgl. Roediger* 286.   man *M.*

2101 uueldi *fehlt C.*

2102 after *C.*

2108 hinan *C.*

2109 thinu uuordu *C.*

Ic bium mi ambahtman,   hebbiu mi ôdes genôg,
uuelono geuunnen: thoh ic undar geuueldi sî
aðalcuninges,   *thoh* hebbiu ic erlo getrôst,
holde heririncos,   thea mi sô gehôriga sint,
that sie thes ne uuord ne uuerc   uuiht ne farlâtad,
thes ic sie an thesumu landskepie   lêstean *hête,*
ac sie farad endi frummiad   endi eft te iro frôhan cumad,
holde te iro hêrron.   Thoh ic at mînumu hûs êgi
uuîdbrêdene uuelon   endi uuerodes genôg,
heliðos hugiderbie,   *thoh* ni gidar ic thi sô hêlagna
biddien, barn godes,   that thu an mîn bû gangas,
sôkeas mîna seliða,   huand ic sô sundig bium,
uuêt mîna faruurhti.'   Thô sprac eft uualdand Crist,
the gumo uuið is iungoron,   quað that hi an Iudeon huergin
undar Israheles   aboron ne fundi
gemacon thes mannes,   the io mêr te gode
an themu landskepi   gelôbon habdi,
than hluttron te himile: 'nu lâtu ic iu thar hôrien tô,
thar ic it iu te uuârun hîr   uuordun seggeo,
that noh sculun elitheoda   *ôstane* endi *uestane,*
mancunnies cuman   manag tesamne,
hêlag folc godes   an hebenrîki:
thea môtun thar an Abrahames   endi an Isaakes sô self
endi *ôc* an Iacobes,   gôdoro manno,
barmun restien   endi bêðiu *gethologcan,*
uuelon endi uuilleon   endi *uuonodsam* lîf,
gôd lioht mid gode.   Than scal *Iudeono* filu,
theses rîkeas suni   berôbode uuerðen,
bedêlide sulicoro diurðo,   endi sculun an dalun thiustron
an themu alloro ferristan   ferne liggen.
Thar mag man gehôrien   heliðos quîðean,
thar sie iro torn manag   tandon bîtad;
thar ist *gristgrimmo*   endi grâdag fiur,

2114 thoh] bethiu *C.*
2117 hetu *C.*
2121 thoh] bithiu *C.*
2129 than *zum vorhergehenden Vers gezogen von Heyne und Rückert.*
2131 ostan *C.*   uuestan *C.*
2133 *fehlt C, nach Martin, ZfdA* 40, 127 *unecht.*
2135 ôc *fehlt C.*
2136 githolon *C.*
2137 uuonotsam *M.*
2138 iudeo *C.*
2140 biduelida *C.*
2144 gest grimmag *C.*

hard *helleo gethuing,* hêt endi thiustri,
suart sinnahti sundea te lône,
uurêðoro geuurhteo, sô huemu sô thes uuilleon ne haƀad,
that he *ina* alôsie, êr hi thit lioht ageƀe,
uuendie fan thesoro uueroldi. Nu maht thu thi an thînan uuilleon forð
sîðon te selðun; than findis thu *gesund* at hûs
magoiungan man: môd is imu an luston,
that barn is gehêlid, sô thu bêdi te mi:
it uuirðid al sô gelêstid, sô thu gelôƀon haƀas
an thînumu hugi hardo.' Thô sagde heƀencuninge,
the ambahtman alouualdon gode
thanc for thero thiodo, *thes* he imu at sulicun tharƀun halp.
Habda tho *giârundid,* al sô he uuelde,
sâliglîco: giuuêt imu an thana sîð thanan,
uuende an is uuillean, thar he uuelon êhte,
bû endi bôdlos: fand *that* barn gesund,
kindiungan *man.* Kristes uuârun thô
uuord *gefullot*: hi geuuald habda
te *tôgeanna* têcan, sô that ni mag gitellien man,
geahton oƀar thesoro erđu, huat he thurh is ênes craft
an *thesaro* middilgard mâriða gefrumide,
uundres geuuarhte, huand al an is geuueldi stâd,
himil endi erðe.

XXVI.*

Thô geuuêt imu the hêlogo Crist
forðuuardes faren, *fremide* alomahtig
alloro dago gehuilikes, drohtin the gôdo,
liudeo barnum leof, *lêrde* mid uuordun
godes uuilleon gumun, habda imu iungorono filu
simbla te gisîðun, sâlig folc godes,
manno megincraft, managoro theodo,

2145 helligithuing *C.*
2146 suarht *M.*
2148 is *M.*
2150 gisundan *C.*
2156 thas *C.*
2157 giarundeod *C.*
2160 thar *M.*
2161 man *fehlt C.*
2162 gifullid *C.*
2163 gitogianne *C.*
2165 thero *M.*
2167 XXVI *nach* 2165 *C.*
2168 frumida *C.*
2170 lera *C.*

hêlag heriskepi, uuas is helpono gôd,
mannun mildi. Thô hi mid theru menigi quam,
mid thiu *brahtmu* that barn godes te burg theru hôhon,
the neriendo te Naim: thar scolde is namo uuerðen
mannun gemârid. Thô geng mahtig tô
neriendo Crist, antat he ginâhid uuas,
hêleandero bezt: thô sâhun sie thar ên hrêo dragan,
ênan lîflôsan lîchamon thea liudi *fórien,*
beran an ênaru *bâru* ût at *thera* burges dore,
maguiungan man. Thiu môder aftar geng
an iro hugi hriuuig endi handun slôg,
carode endi cûmde iro kindes dôđ,
idis armscapan; it uuas ira *ênag* barn:
siu uuas iru uuidouua, ne habda uunnea than mêr,
biûten te themu ênagun sunie al *gelâten*
uunnea endi uuillean, anttat ina iru *uurd* benam,
mâri metodogescapu. Megin folgode,
burgliudeo gebrac, thar man ina an *bâru* drôg,
iungan man te grabe. Thar uuarð imu the godes sunu,
mahtig mildi endi te theru môder sprac,
hêt that thiu uuidouua uuôp farlêti,
cara aftar themu kinde: 'thu scalt *hîr craft sehan,*
uualdandes giuuerc: thi scal hîr uuilleo *gestanden,*
frôfra far thesumu folke: ne tharft thu ferah caron
barnes thînes.' *Thuo hie ti thero bâron geng
iac hie ina selbo anthrên, suno drohtines,
hêlagon handon, endi ti them *heliðe* sprak,
hiet ina sô alaiungan *up* astandan,
arîsan fan theru restun. Thie rinc up asat,
that barn an thero bârun: uuarð im eft an is briost cuman
thie gêst thuru godes craft, endi hie tegegnes sprac,
the man uuið is mâgos. Thuo ina eft thero muoder bifalah

2176 brathmu *M.*
2180 helandi crist *C.* thô] so *C.*
2181 Enan *fehlt C.* fuorun *C.*
2182 Berun *C.* barun *C.* them *C,* thes *Braune zu Genesis* 269.
2186 egan *M.*
2188 Neuan *C. Komma nach* gelâten *Heyne, Rückert, Sievers, Piper, getilgt von Schumann, Gm.* 30, 70.
2189 uurht *M,* uurth *C.*
2191 barun *C.*
2195 craft sehan hir *M.*
2196 gistan *C.*
2198b–2256 thit *einschl. fehlt M.*
2200 helithie *C.*
2201 upp *C.*

hêlandi Crist an hand: hugi uuarð iro te froƀra,
thes uuîƀes an uunneon, huand iro thar sulic uuilleo gistuod.
Fell siu thô te fuotun Cristes endi thena folco drohtin
loƀoda for thero liudeo menigi, huand hie iro at sô lioƀes *ferahe*
mundoda uuiðer metodigisceftie: farstuod siu that hie uuas thie
⌊mahtigo drohtin,
thie hêlago, thie himiles giuualdid, endi that hie mahti gihelpan
⌊managon,
allon irminthiedon. Thuo bigunnun that ahton managa,
that uunder, that under them uueroda giburida, quâðun that uual-
⌊dand selƀo,
mahtig quâmi tharod is menigi uuîson, endi that hie im sô mârean
⌊sandi
uuârsagon an thero *uueroldes rîki,* thie im thar sulican uuilleon
Uuarð thar thuo erl manag egison bifangan, ⌊frumidi.
that folc uuarð an forohton: gisâhun thena is *ferah* êgan,
dages lioht sehan, thena the *êr* dôð fornam,
an suhtbeddeon sualt: thuo uuas im eft gisund after thiu,
kindiung aquicot. Thuo uuarð that kûð oƀar all
aƀaron Israheles. Reht sô thuo âƀand quam,
sô uuarð thar all gisamnod seokora manno,
haltaro endi hâƀaro, sô huat sô thar huergin uuas,
thia lêƀun under them liudeon, endi uurðun thar gilêdit tuo,
cumana te Criste, thar hie im thuru is craft mikil
halp endi sie hêlda, endi liet sia eft gihaldana thanan
uuendan an iro uuilleon. Bethiu scal man is uuerc loƀon,
diuran is dâdi, huand hie is drohtin self,
mahtig mundboro manno kunnie,
liudeo sô huilicon, sô thar gilôbit tuo
an is uuord endi an is uuerc.

XXVII.*

Thuo uuas thar uuerodes sô filo
allaro elithiodo *cuman* *te* them êron Cristes,

2209 farahe *C.*
2215 uuerodes rikie *C.*
2217 fera *C.*
2218 err *C.*
2231 XXVII *nach* 2230 *C.*
2232 cuman | te *Rückert*] | cuman te *Schmeller, Rieger, Heyne, Müllenhoff*[2].

te sô mahtiges mundburd.   Thuo uuelda hie thar êna meri lîðan,
thie godes suno mid is iungron   aneƀan Galilealand,
uualdand ênna *uuâgo strôm.*   Thuo hiet hie that uuerod ôðar
forðuuerdes faran,   endi hie giuuêt im fahora sum
an ênna nacon innan,   neriendi Crist,
slâpan sîðuuôrig.   Segel *up* dâdun
uuederuuîsa uueros,   lietun uuind after
manon oƀar thena meristrôm,   unthat hie te middean quam,
uualdand mid is uuerodu.   Thuo bigan thes uuedares craft,
ûst up stîgan,   ûðiun uuahsan;
suang gisuerc an gimang: thie sêu uuarð an hruoru,
uuan uuind endi uuater;   uueros sorogodun,
thiu meri uuarð sô muodag,   ni uuânda thero manno nigên
lengron lîƀes.   Thuo *sia* landes uuard
uuekidun mid iro uuordon   endi sagdun im thes uuedares craft,
bâdun that im ginâðig   neriendi Crist
uurði uuið them uuatare: 'eftha uui sculun hier te uunderquâlu
sueltan an theson sêuue.'   Self *up arês*
thie guodo godes suno   endi te is iungron sprak,
hiet that sia im uuedares giuuin   uuiht ni *andrêdin:*
'te huî sind gi sô forhta?' quathie.   'Nis iu noh fast hugi,
gilôƀo is iu te luttil.   Nis nu lang te thiu,
that thia strômos sculun   stilrun uuerðan
gi thit *uuedar uunsam.'   Tho hi te *them* uuinde sprac
ge te themu sêuua sô self   endi sie smultro hêt
bêðea gebârean.   Sie gibod lêstun,
uualdandes uuord: uueder stillodun,
fagar uuarð *an* flôde.   Thô *bigan* that folc undar im,
uuerod uundraian,   endi suma mid *iro* uuordun sprâkun,
huilic that sô mahtigoro   manno uuâri,
that imu sô the uuind endi the uuâg   uuordu hôrdin,

2233 the *C.*
2235 uuagostrom *Rieger, Leseb. S.* 19, *Rückert.*
2238 upp *C.*
2246 sia thana *Piper.*
2250 upp araes *C.*
2252 andrædin *C.*
2256 *Mit* uuedar *setzt M wieder ein.* them *fehlt M.*
2258 Bethiu *C.* gibareon *C.*
2260 an them *C.* bigan *fehlt C.*
2261 Uueroda uundroda *C.* iro *fehlt C.*

bêðea is gibodskepies. Thô habda sie that barn godes
ginerid fan theru nôdi: the naco furðor skreid,
hôh hurnidskip; heliðos *quâmun,*
liudi te lande, sagdun lof gode,
mâridun is megincraft.

2264 bethiu *C.*
2266 *Sievers*] hô hurnid skip *Rieger, Leseb.* 20, *Grein, Gm.* 11, 213, hohhurnid skip *Heyne, Müllenhoff, Rückert.* quamum *C.*
2267 Thia liudi *C.*

XXXIII*.

Than fôr imu an uueg ôðran
Iohannes mid is iungarun, godes ambahtman,
lêrde thea liudi langsamane râd,
hêt that sie frume fremidin, firina farlêtin,
mên endi morðuuerk. He uuas thar managumu *liof*
gôdaro gumono. He sôhte imu thô thene Iudeono cuning,
thene heritogon at hûs, the hêten *ûuas*
Erodes aftar is eldiron, oƀarmôdig man:
bûide imu be theru brûdi, thiu êr sînes brôđer uuas,
idis *an êhti,* anttat he ellior skôc,
uuerold uueslode. Thô imu that uuîf ginam
the cuning te quenun; êr uuârun iro kind *ôdan,*
barn be is brôđer. Thô *bigan* imu thea brûd lahan
Iohannes the gôdo, quað that it gode uuâri,
uualdande uuiðermôd, that it ênig uuero frumidi,
that brôđer brûd an is bed nâmi,
hebbie sie imu te hîuun. 'Ef thu mi hôrien uuili,
gilôƀien mînun lêrun, ni scalt thu sie leng êgan,

2698 XXXIII *nach* 2697 *C.* Thann *M.*
2702 lef *(korr.) C.*
2704 uuas Erodes ‖ aftar *Wackernagel.*
2707 antehti *M.*
2709 odana *C; vgl. Jellinek, ZfdA* 36, 177.
2710 bigunnan *C.*

ac mîð ire an thînumu môde: ni haƀa *thar* sulica minnea tô,
ni sundeo thi te suîðo.' Thô uuarð an sorgun hugi
thes uuîƀes aftar them uuordun; andrêd that he thene uueroldcuning
sprâcono gespôni endi spâhun uuordun,
that he sie farlêti. Began siu imu thô lêðes filu
râden an rûnon, endi ine rinkos hêt,
unsundigane erlos fâhan
endi *ine an ênumu* karkerea klûstarbendiun,
*liðo*cospun *bilûcan: be them liudiun ne* gidorstun
ine ferahu bilôsien, huand sie uuârun imu friund alle,
uuissun ine sô gôden endi gode uuerðen,
habdun ina for uuârsagon, sô sia uuela mahtun.
Thô uurðun an themu gêrtale *Iudeo* cuninges
tîdi cumana, sô thar gitald habdun
frôde folcuueros, *thô* he gifôdid uuas,
an lioht cuman. Sô uuas thero liudio thau,
that that *erlo* gehuilic ôƀean scolde,
Iudeono mid gômun. Thô uuarð thar an thene gastseli
megincraft mikil manno gesamnod,
heritogono an that hûs, thar iro hêrro uuas
an is kuningstôle. Quâmun managa
Iudeon an thene gastseli; uuarð im thar gladmôd hugi,
blîði an iro breostun: gisâhun iro bâggeƀon
uuesen an uunneon. Drôg man uuîn an flet
skîri mid scâlun, skenkeon huurƀun,
gengun mid goldfatun: gaman uuas thar inne
hlûd an thero hallu, heliðos drunkun.
Uuas thes an lustun landes hirdi,
huat he themu uuerode mêst te uunniun *gifremidi.*
Hêt he thô gangen forð gêla thiornun,
is brôder barn, thar he an is benki sat

2716 thu that *C.*
2719 sprâcono, *instrum. Genitiv nach Sturtevant, MLN* 40, 402.
2723 ine an ênumu] innan enon *C.*
2724 lotho- *C.* bilûcan *fehlt M.* bilukan be them liudiun. ‖ Ne *Rükkert.*
2725 ine *zieht Wackernagel noch zum vorhergehenden Vers, Leseb.* I^{5}, 53.
2727 *fehlt M, nach Martin unecht, ZfdA* 40, 127.
2728 iudeono *C; vgl. Grein, Gm.* 11, 213.
2730 huo *MC.*
2732 er: *(rad.) M.*
2735 Heritogo *C.*
2744 gifrumidi *C.*

uuînu giuulenkid,   endi thô te themu uuîƀe sprac;
grôtte sie fora themu gumskepie   endi gerno bad,
that siu thar fora them gastiun   gaman afhôƀi
fagar an flettie: 'lât thit folc sehan,
huô *thu* gelînod haƀas   liudio menegi
te *blîðseanne an* benkiun;   ef thu *mi thera* bede *tugiðos*,
mîn uuord for thesumu uuerode,   than uuilliu ik it hêr te uuârun
liahto fora thesun liudiun   endi ôk gilêstien sô,   ⌊*gequeðen*,
that ik thi than aftar thiu   êron uuilliu,
sô hues sô thu mi bidis   for thesun mînun bâguuiniun:
thoh thu mi thesaro heridômo   halƀaro fergos,
rîkeas mînes,   *thoh gidôn ik*, that it ênig rinko ni mag
uuordun giuuendien,   endi it scal giuuerðen sô.'
Thô uuarð thera magað aftar thiu   môd gihuorƀen,
hugi aftar iro hêrron,   that siu an themu hûse innen,
an themu gastseli   gamen up ahuof,
al sô thero liudio   landuuîse gidrôg,
thero thiodo thau.   Thiu thiorne spilode
hrôr aftar themu hûse: hugi uuas an lustun,
managaro môdseƀo.   Thô thiu magað habda
githionod te thanke   thiodcuninge
endi allumu themu erlskepie,   *the* thar inne uuas
gôdaro gumono,   siu uuelde thô ira geƀa êgan,
thiu magað for theru menegi: geng thô uuið iro môdar sprekan
endi frâgode sie   firiuuitlîco,
hues siu thene *burges* uuard   biddien scoldi.
Thô uuîsde siu aftar iro uuilleon,   hêt that siu uuihtes than êr
ni gerodi for themu gumskepie,   *biûtan* that man iru Iohannes
an theru hallu innan   hôƀid gâƀi
alôsid *af* is lîchamon.   That uuas allun them liudiun harm,
them mannun an iro môde,   thô sie *that* gihôrdun thea magað
sô uuas it ôk themu kuninge: he ni mahte is quidi liagan,   ⌊sprekan;

2751 thiu *C.*
2752 blidzeanne *M,* blizzenna *C.*   oƀar *C.*   mithro *C.*   tuithos *C.*
2753 quethan *C.*
2754 lioht *C.*
2758 thoh gidôn ik *streicht Wackernagel, Leseb.* I[5], 55.
2766 Managaro] thero manno *C.*
2768 them *C,* them the *Wilhelmy S.* 37.
2772 berges *C.*
2774 neuan *C.*
2776 fan *C.*
2777 it *C.*

is uuord uuendien: hêt thô is uuêpanberand
gangen fan themu gastseli endi hêt thene godes man
lîƀu bilôsien. Thô ni uuas lang te thiu,
that man an thea halla hôƀid brâhte
thes thiodgumon, endi it thar theru thiornun fargaf,
magað for theru menegi: siu drôg it theru môder forð.
Thô uuas êndago allaro manno
thes uuîsoston, *thero the gio* an thesa uuerold *quâmi*,
thero the quene ênig kind *gibâri*,
idis fan erle, lêt man simla then *ênon* biforan,
the thiu thiorne *gidrôg, the* gio thegnes ni uuarð
uuîs an iro uueroldi, *biûtan* sô ine uualdand god
fan heƀenuuange hêlages gêstes
gimarcode mahtig: the ni habde *ênigan* gimacon huergin
êr nec aftar. Erlos huurƀun,
gumon umbi *Iohannen,* is iungaron managa,
sâlig gesîði, endi ine an sande bigrôƀun,
leoƀes lîchamon: uuissun that he lioht godes,
diurlîcan *drôm* mid is drohtine *samad*,
upôdas hêm êgan môste,
sâlig sôkean.

2780b *vgl. Heusler, Versgeschichte* I 175; *„ist in* godes *das besonders beliebte* gôdo *zu suchen?" Kauffmann, PBB* 12, 348; godes ambahtman *Holthausen, Beiblatt z. Anglia* 45, 130.
2786 thero | the gio *Heyne, Wackernagel, Leseb.* I[5], 55, thero the gio | *Müllenhoff*[2], *Rückert.* quam *C.*
2787 gidruogi *C.*
2788 enna *C.*
2789 gibar *C.* thiu *C.*
2790 neuan *C.*
2792 ênigan *tilgt Wackernagel, Leseb.* I[5], 57, *nach* gimacon *Rückert.*
2794 Iohannesse *C.*
2797 dron *C.* saman *C.*
2798 upodashem *Müllenhoff.*

XLIII.

Hêt imu thô thea is gôdan   iungaron nâhor
tueliƀi gangan   – thea uuârun imu triuuuiston
man oƀar erðu –,   sagde im mahtig *selƀo*
*ôðer*sîðu,   huilic imu *thar arƀedi*
tôuuard uuârun: 'thes ni mag ênig tueho uuerðen', quað he.
Quað that sie thô te Hierusalem   an that Iudeono folc
lîðan scoldin: 'thar uuirðid all gilêstid sô,
gefrumid undar themu folke,   sô it an furndagun
uuîse man be mi   uuordun gesprâkun.
Thar sculun mi farcôpon   undar thea craftigon thiod,
heliðos te theru hêri;   thar uuerðat mîna hendi *gebundana*,
faðmos uuerðad mi thar gefastnod;   filu scal ik thar *githoloian*,
hoskes gihôrien   endi harmquidi,
*bismer*sprâka   endi bihêtuuord manag;
sie uuêgeat mi te uundron   uuâpnes eggiun,
bilôsiad mi lîƀu: ik te thesumu liohte scal
thurh drohtines craft   fan dôðe astanden
an thriddeon dage.   Ni quam ik undar thesa theoda *herod*
te thiu, that mîn eldibarn   arƀed habdin,
that mi thionodi thius *thiod:*   ni uuilliu ik is sie thiggien nu,
fergon thit folcskepi,   ac ik scal imu te frumu *uuerðen*,
theonon imu theolîco   endi for alla thesa theoda geƀen
seole mîne.   Ik uuilliu sie selƀo nu
lôsien mid mînu lîƀu,   thea hêr lango bidun,
mankunnies manag,   *mînara* helpa.'
Fôr imu thô forðuuardes   – habde imu *fasten* hugi,
blîðean an is breostun   barn drohtines –
uuelda im te Hierusalem   Iudeo folkes
uuilleon uuîsan: he conste thes uuerodes sô garo
hetigrimmen hugi   endi *hardan* strîd,
uurêðan uuilleon.   Uuerod *sîðode*

3518 self *C.*
3519 othier- *C.*   arbedi thar *Heyne.*
3520 *Der Punkt nach Roediger* 282.
3526 gibunden *C.*
3527 githolon *C.*
3529 bismar- *C.*
3533–34 herod te thiu || *Heyne, Rückert.*
3535 *vgl. Roediger* 282.   theoda *C.*
3536 uuerthat *C.*
3540 mira *C.*
3541 ferhtan *C.*
3543 Uueldun *M.*
3545 hardon *C.*
3546 sidodæ *M.*

furi Hierichoburg;   uuas the godes sunu,
mahtig undar *thero menigi.*   *Thar sâtun tuênie* man bi uuege,
blinde uuârun sie bêðie: uuas im bôtono tharf,
that sie gehêldi   heƀenes uualdand,
huand sie sô lango   liohtes tholodun,
managa huîla.   Sie gihôrdun thô that megin faren
endi frâgodun sân   firiuuitlîco
reginiblindun,   huilic thar rîki man
undar themu folcskepi   furista uuâri,
hêrost an hôƀid.   Thô sprac im ên helið angegin,
quað that thar Hiesu Crist   fan *Galilealande,*
hêleandero bezt   hêrost uuâri,
fôri mid is folcu.   Thô uuarð frâhmôd hugi
bêðiun them blindun mannun,   thô sie that barn godes
uuissun under themu uuerode: hreopun im thô mid iro uuordun tô,
hlûdo te themu hêlagon Criste,   bâdun that he im helpe gerêdi:
'drohtin Dauides sunu: uuis ûs mid thînun dâdiun mildi,
neri ûs af thesaru nôdi,   sô thu ginôge dôs
manno kunnies: thu bist managun gôd,
hilpis endi hêlis.'   Tho bigan im that heliđo folc
uuerien mid uuordun,   that sie an uualdand Krist
sô hlûdo ni hriopin.   Si ni uueldun *im* hôrien te thiu,
ac sie simla mêr endi mêr   oƀar that manno folc
hlûdo hreopun.   Hêleand gestôd,
allaro barno bezt,   hêt sie *thô* brengien te imu,
lêdien thurh thea liudi,   sprak im listiun tô
mildlîco for theru menegi: 'huat uuilliad *git* mînaro hêr', quað he,
'helpono *habbien?*'   Sie bâdun ina hêlagna,
that he im ira ôgon   opana gidâdi,
farliuui theses liohtes,   that sie liudio drôm,
suikle sunnun *scîn*   gisehen môstin,

3548 thero m. Th. satun *in M rad. (z. T. noch lesbar) und mit Federprobe reskribiert.* tuenie *M,* tuena *C; vgl. Ramat, Gramm.* § 98 a 2, *Anm.* 1.
3554 reginblindun *M,* thea reg. *Holthausen, PBB* 44, 340. *Vgl. Kauffmann, PBB* 12, 290, *Colliander* 524, *Sievers, PBB* 44, 503, *Ilkow S.* 333.
3557 galileo lande *C.*
3568 es im *C.*
3571 thô *fehlt C.*
3573 Mildo *C.* gi *C.*
3574 biddean *C.*
3577 lioht *M.*

uulitiscônie uuerold. Uualdand frumide,
hrên sie thô mid is handun, dede is helpe thar tô,
that them blindun thô bêðium uurðun
ôgon gioponod, that sie erðe endi himil
thurh craft godes *antkiennien* mahtun,
lioht endi liudi. Thô sagdun sie lof gode,
diurdun *ûsan drohtin,* thes sie dages liohtes
brûcan môstun: geuuitun im bêðie mid imu,
folgodun is ferdi: uuas im thiu fruma giƀiðig,
endi ôk uualdandes uuerk uuîdo gekûðid,
managun gimârid.

XLIV.*

Thar uuas sô mahtiglîc
biliði gibôknid, thar the blindon man
bi themu uuege sâtun, uuîti tholodun,
liohtes lôse: that mênid thoh liudio barn,
al mancunni, huô sie mahtig god
an themu anaginne thurh is ênes craft
sinhîun tuê selƀo giuuarhte,
Âdam endi Êvan: fargaf im upuuegos,
himilo rîki; ac thô uuarð im the hatola te nâh,
fîund mid fêknu endi mid firinuuerkun,
bisuêk sie mid sundiun, that sie sinscôni,
lioht farlêtun: uurðun an lêðaron stedi,
an thesen middilgard man faruuorpen,
tholodun hêr an thiustriu *thiodarƀedi,*
uunnun uuracsîðos, uuelon tharƀodun:
fargâtun godes rîkies, gramon theonodun,
fîundo barnun; sie guldun is im mid *fîuru* lôn
an theru hêton *helliu.* Bethiu uuârun siu an iro hugi blinda

3582 antkiennien *M, vgl. Gallée, Gramm.* § 235.
3584 is dadi *C.*
3588 XLIIII *in C nach* 3587. *Gegen Krogmanns Versuche, Fitte 44 als Interpolation auszuscheiden, zusammenfassend Rathofer, ZfdA* 93, 256 (= *WdF* 321, 375).
3594 sinihun *M.*
3596 himilriki *M; Kauffmann, PBB* 12, 348.
3601 man arbedi *M.*
3604 fiure *M.*
3605 hell *C.*

an thesaru middilgard, menniscono barn,
huand siu *ine* ni *antkiendun,* craftagne god,
himilisken hêrron, thene *the* sie mid is handun giscôp,
giuuarhte an is uuillion. Thius uuerold uuas thô sô farhuerƀid,
bithuungen an thiustrie, an thiodarƀidi,
an dôðes dalu: sâtun im thô bi theru drohtines strâtun
iâmarmôde, godes helpe bidun:
siu ni mahte im *thô* êr uuerðen, êr than uualdand god
an thesan middilgard, mahtig drohtin,
is selƀes sunu *sendien uueldi*
that he lioht antluki liudio barnun,
oponodi im êuuig lîf, that sie thene *alouualdon*
mahtin antkennien uuel, craftagna *god.*
Ôk mag ik giu *gitellien,* of gi thar tô uuilliad
huggien endi hôrien, that gi thes hêliandes *mugun*
craft antkennien, huô is kumi uurðun
an thesaru middilgard managun te *helpu,*
ia huat he mid them dâdiun drohtin selƀo
manages mênde, ia behuiu thiu mârie burg
Hiericho hêtid, *thiu* thar an Iudeon *stâd*
gimacod mid mûrun: thiu is aftar themu mânen *ginemnid,*
aftar themu *torhten* tungle: he ni mag is tîdi bemîðen,
ac he dago gehuilikes duod *ôðerhueðer,*
uuanod ohtho uuahsid. Sô dôd an thesaro uueroldi hêr,
an thesaru middilgard menniscono barn:
farad endi folgod, frôde sterƀad,
uuerðad eft iunga aftar kumane,
uueros auuahsane, unttat sie eft uurd farnimid.
That mênde that barn godes, thô he fon theru burgi fôr,
the gôdo fan Hiericho, that ni mahte êr uuerðen gumono barnun
thiu *blindia* gibôtid, that sie that berhte lioht,

3607 ine *fehlt C.* antkiendun *M, vgl. zu* 3582.
3608 the *fehlt C.*
3613 thoh *C.*
3615 sundean *C.* uuelda *C.*
3617 alouualdon mahtin | *Sievers, Basler, Alts. S.* 155, *vgl. Kauffmann, PBB* 12, 347.
3618 god *fehlt C.*
3619 tellian *C.*
3620 mugun *zum folgenden Vers gezogen von Heyne, Rückert.*
3622 helpon *C.*
3625 thui *C.* set *C.*
3626 ginamod *C.*
3627 torhten *fehlt C.*
3628 oderuueder *M,* endihueðar *C.*
3636 blindi *C.*

gisâhin sinscôni,   êr than he selƀo hêr
an thesaru middilgard   menniski antfeng,
flêsk *endi* lîchamon.   Thô uurðun thes firiho barn
giuuar an thesaru uueroldi,   the hêr an uuîtie êr,
sâtun an sundiun   gisiunies lôse,
tholodun an thiustrie,   – *sie* afsôƀun that uuas *thesaru thiod* kuman
hêleand te helpu   fan heƀenrîkie,
Crist allaro cuningo best;   sie mahtun is antkennien sân,
gifôlien is fardio.   Thô sie *sô* filu hriopun,
the man te themu mahtigon gode,   that im mildi aftar thiu
uualdand uurði.   Than uueridun *im* suîðo
thia suârun sundeon,   the sie im êr *selƀon* gidâdun,
lettun sie thes gilôbon.   Sie ni mahtun them liudiun *thoh*
biuuerien iro uuilleon,   ac sie *an* uualdand god
hlûdo hriopun,   antat he im iro hêli fargaf,
that sie sinlîf   gisehen *môstin,*
open êuuig lioht   endi an faren
an thiu berhtun bû.   That mêndun thea blindun man,
the thar bi Hierichoburg   te themu godes barne
hlûdo hriopun,   that he im iro hêli farlihi,
liohtes an thesumu lîƀe: than *im thea liudi* sô filu
uueridun mid uuordun,   thea thar an themu uuege fôrun
biforen endi bihinden: sô dôt thea firinsundeon
an thesaru middilgard   *mankunnie.*
Hôriad nu huô thie blindun,   sîður im gibôtid uuarð,
that sie sunnun lioht   gesehen môstun,
huô si thô dâdun: geuuitun im *mid iro* drohtine samad,
folgodun is ferdi,   sprâkun filu uuordo
themu landes hirdie *te* loƀe: sô dôd im noh liudio barn
uuîdo aftar thesaru uueroldi,   sîður im uualdand *Crist*
geliuhte mid is lêrun   endi im lîf êuuig,
godes rîki *fargaf*   gôdun mannun,

3639 an *M.*
3640 Giuuaro *C.*
3642 siu *C.*   thero *C.*   thieda *C.*
3645 sô *fehlt C.*
3647 im *fehlt M.*
3648 selƀo *C.*
3649 Lietun *C.*   tho *M.*
3650 an *fehlt C.*
3652 muostun *C.*
3657 im liudeo *C.*
3660 manno cunnie *C.*
3663 mid uson *C.*
3665 to *C.*
3666 god *M.*
3668 gaf *C.*

hôh himiles lioht   endi is helpe thar tô,
sô huemu sô that giuuerkod,   that he môti themu is uuege folgon.

Sumun uuârun eft so lêða   lêra Cristes,
uualdandes uuord: uuas im uuiðermôd hugi
allun them, the an themu heriskepi   *hêrost* uuârun,
furiston an themu folke: fâres hugdun
uurêða mid iro uuordun – habdun im uuiðersakon
gihaloden te helpu,   thes hêroston man,
Erodeses thegan,   the thar anduuard stôd
uurêðes uuillean,   that he iro uuord oƀarhôrdi –
ef sie ina forfengin,   that sie ina than feteros an,
thea liudi liðobendi   leggien môstin,
sundea lôsan.   Thô gengun im thea gesîðos tô
bittra gihugde,   that sie *uuið* that barn godes,
uurêða uuiðersakon   uuordun sprâkun:
'huat, thu bist êosago', quâðun sie,   'allun thiodun,
uuîsis uuâres sô filu: nis thi *uuerð* eouuiht
te bimîðanne   manno niênumu
umbi is *rîkidôm,*   neƀo thu *simlun* that reht sprikis
endi an thene godes uueg   gumono gesîði
lêdis mid thinun lêrun: ni mag thi laster man
fiðan undar *thesumu* folke.   Nu uui thi frâgon sculun,
rîki thiodan,   huilic reht haƀad
the kêsur fan Rûmu,   the imu te thesumu *kunnie* herod
tinsi sôkid   endi gitald haƀad,
huat uui imu gelden *sculin*   gêro gehuilikes
hôƀidscatto.   Saga huat thi thes an *thînumu* hugi thunkea:
is it reht the nis?   Râd for thînun
landmêgun uuel: ûs is thînaro *lêrono* tharf.'
Sie uueldun that he it antquâði: than mahte he thoh antkennien
iro *uurêðon* uuilleon: 'te huî gi uuârlogon', quað he,   ⌊uuel
'fandot mîn sô frôkno?   Ni scal iu that te frumu uuerðen,

3790 *vgl. Colliander* 528.
3799 uuiht *C.*
3802 uureth *C.*
3804 rikiduo *C.*   sinnon *C.*
3807 thesos *C.*
3809 kuninge *C.*
3811 sculun *C.*
3812 hobidscattos *M.*   thînumu *fehlt C.*
3814 lera *C.*
3816 uurethan.

that gi dreogerias darnungo *nu*
uuilliad mi farfâhen.' Hêt he thô forð dragan
te scauuonne the scattos, 'the gi sculdige sind
an that geld *geƀen.*' Iudeon drôgun
ênna siluƀrinna forð: sâhun manage tô,
huô he uuas gemunitod: uuas an middien skîn
thes kêsures biliði – that mahtun sie antkennien uuel –,
iro hêrron hôƀidmâl. Thô frâgode *sie* the hêlago Crist,
aftar huemu thiu gelîcnessi gilegid uuâri.
Sie quâðun that it uuâri ueroldkêsures
fan Rûmuburg, '*thes* the alles theses rîkes haƀad
geuuald an thesaru ueroldi.' 'Than uuilliu ik iu te uuârun *hêr*', quað
'*selƀo* seggian, that gi imu sîn geƀad, [he,
ueroldhêrron is geuunst, endi uualdand gode
selliad, that thar sîn ist: that sculun iuuua seolon uuesen,
gumono gêstos.' Thô uuarð thero Iudeono hugi
geminsod an themu mahle: ni mahtun the mênscaðon
uuordun geuuinnen, sô iro uuilleo geng,
that sie ina farfengin, huand imu that friðubarn godes
uuardode uuið the uurêðon endi im uuâr angegin,
sôðspel sagde, thoh sie ni uuârin sô sâlige te thiu,
that sie it sô *farfengin*, sô it iro fruma uuâri.

XLVII.

Sie ni uueldun it thoh farlâten, ac hêtun thar lêdien forð
ên uuîf for themu uuerode, thiu habde uuam gefrumid,
unreht *ênfald:* thiu idis uuas bifangen
an farlegarnessi, uuas iro lîƀes scolo,
that sie firiho barn ferahu binâmin,
êhtin iro aldres: sô uuas an iro êu gescriƀen.
Sie bigunnun ina thô frâgon, fruokne liudi,
uurêða mid iro uuordun, huat sie scoldin themu uuîƀe duan,

3818 nu *fehlt C.*
3821 te geban *C.*
3822 Enn *C.*
3825 sie *fehlt C.*
3828 thes *fehlt M.*
3829 hêr *Sievers Anm., Horn, PBB* 5, 174] *fehlt MC.*
3830 Selƀon *C.*
3839 fargengin *M.*
3842 enuuald *C.*
3845 ehtin *vgl. Gallée, Gramm.* § 80.

hueðer sie sie quelidin, the sie sie quica lêtin,
the huat he umbi sulica dâdi adêlien uueldi:
'thu uuêst, huô thesaru menegi', quâðun sie, 'Moyses gibôd
uuârun uuordun, that allaro uuîƀo gehuilic
an farlegarnessi lîƀes faruuarhti
endi that sie than auurpin uueros mid handun,
starkun stênun: nu maht thu sie sehan standen hêr
an sundiun bifangan: saga huat thu *is* uuillies.'
Uueldun ine *thea* uuiðersakon uuordun farfâhen,
ef he that giquâði, that sie sie quica lêtin,
friðodi ira ferahe, than *uueldi that folc Iudeono*
queðen, that he iro aldiron êo uuiðersagdi,
thero liudio landreht; ef he sie than hêti lîƀu binimen,
thea magað fur theru menegi, than uueldin sie queðen, that he sô *mildiene* hugi
ni bâri an is breostun, sô scoldi habbien barn godes:
uueldun sie sô hueðeres hêlagne Crist
thero uuordo geuuîtnon, *sô* he thar for themu uuerode gesprâki,
adêldi te dôme. *Than* uuisse drohtin Krist
thero manno sô garo môdgithâhti,
iro uurêðon uuilleon; thô he te themu uuerode sprak,
te allun them erlun: 'sô huilik sô iuuuar âno sî', quað he,
'*slîðea sundeon,* sô *ganga* iru selƀo tô
endi sie at êrist erl mid is handun
stên ana uuerpe.' Sô stôdun Iudeon,
thâhtun endi thagodun: ni mahte thegan nigiean
uuið them uuordquidi *uuiðersaca* finden:
gehugde manno gehuilic *mên*githâhti,
is selƀes sundea: ni uuas iro sô sikur ênig,
that he bi *themu uuorde* themu uuîƀe gedorsti
stên an uuerpen, ac lêtun sie standen thar

3849 eftha *C.*
3855 thes *C;* is skerian *Heyne*[1 u. 2]; *vgl. Grein, Gm.* 11, 214.
3856 thea *fehlt M.*
3858 uueldi *bis* 3861 than *einschl. fehlt C.*
3859 queðen *zur vorigen Zeile Heyne, Rückert.*
3861 uueldun *C.* than uueldin sie queðen *getilgt von Rückert.* mildan *C.*
3864 thie *C.*
3865 thon *C.*
3869 Slidearo *M.* sundeono *Heyne, Rückert, Sievers Anm.* gangan *C.*
3871 Sten auuerpe *C.*
3873 uidarsac *M.*
3874 menn- *C.*
3876 them uuordon *C.*

ênan thar inne   endi im *ût thanen*
gengun gramharde   Iudeo liudi,
ên aftar ôðrumu,   antat iro thar ênig ni uuas
thes fiundo folkes,   the iro ferhes *thô,*
theru idis aldar*lago*   âhtien uueldi.
Thô gifragn ik that sie frâgode   friðubarn godes,
allaro gumono *bezt:*   'huar *quâmun thit* Iudeono folc', quað he,
'thine uuiðersakon,   thea thi hêr uurôgdun te mi?
Ne sie thi hiudu uuiht   harmes ne *gidâdun,*
thea liudi lêðes,   the thi uueldun lîbu beniman,
uuêgean te uundrun?'   Thô sprak imu eft that uuîf angegin,
quað that iru thar nioman   thurh thes neriandan
hêlaga helpa   harm ne gifrumidi
uuammes te lône.   Thô sprak eft uualdand Crist,
drohtin manno: 'ne ik thi geth *ni* deriu neouuiht', quað he,
'ac gang thi hêl hinen,   lât thi an thînumu hugi sorga,
that thu nio sîð aftar thius   *sundig* ni uuerðes.'
Habde iru thô giholpen   hêlag barn godes,
gefriðot iro ferahe.   Than stôd that folc Iudeono
ubiles anmôd   sô fan êristan,
uurêðes uuillean,   huô sie uuordheti
uuið that friðubarn godes   frummien môstin.
Habdun thea liudi an tuê   mid iro gilôbon gifangan:
uuas thiu smale *thioda*   sînes uuillean
gernora mikilu,   thes godes barnes uuord
te gefrummienne,   sô im iro frâho gibôd:
rômodun te rehta   *bet than* thie rîkeon man,
habdun ina far *iro* hêrron   ia far hebencuning,
fulgengun imu gerno.

3878 Ena *C.* utt thananan *C.*
3881 thuo *C*] to *M.*
3882 -lagio *C.*
3884 besta *C.* quam *M.* that *C.*
3886 gidedun *M; vgl. Kauffmann, PBB* 12, 348.
3892 ni *fehlt C; vgl. Behaghel, Gm.* 27, 416.
3894 so sundig *C; vgl. Behaghel, Gm.* 27, 416.
3901 thiod *M; vgl. Kauffmann, PBB* 12, 326.
3902 *Zur Versteilung vgl. Rieger, ZfdPh* 7, 38, *Sievers S.* 529; *bei Heyne und bei Sievers im Text* word *zum folgenden Vers gezogen.*
3904 Ruomuod *C.* te *fehlt MC, ergänzt von Behaghel, Gm.* 27, 419; *Braune zu Gen.* 198 *schlägt vor:* romodun rehtas *oder* r. rehto. bet | than *Rückert.*
3905 iro *fehlt C.*
3906 Folgodun *C.*

Crist alouualdo
ne uuolda thero Iudeono thuo leng gelpes hôrian,
uurêðaro uuillion, ac hie im af them uuîhe fuor
oƀar Iordanes strôm; habda iungron mid im,
thia is sâligun gisîðos, thia im simlon mid im
uuillion uuonodun: suohta uuerod ôðer,
deda thar sô hie giuuonoda, drohtin selƀo,
lêrda thia liudi: gilôƀda thie uuolda
an is *hêlagun uuord.* That scolda *sinnon uuel*
manno sô huilicon, sô that an is muod ginam.
Thuo gifrang ik that thar te Criste cumana uurðun
bodon fan Bethaniu endi sagdun them barne godes,
that sia an that ârundi tharod idisi sendin,
Maria endi Martha, magað frîlîca,
suîðo uunsama uuîf; thia uuissa hie bêðia,
uuârun im gisuester tuâ, thia hie selƀo êr
minnioda an is muode thuru iro mildian hugi,
thiu uuîf thuru iro uuillion guodan. *Sia im te uuâron thuo*
anbudun fon Bethaniu, that iro bruoðer uuas
Lazarus legarfast endi that sia is lîƀes ni uuândun;
bâdun that tharod quâmi Crist alouualdo
hêlag te helpu. Reht sô hie sia gihôrda thuo
seggian fan sô siecon, sô sprak hie sân angegin,
quað that Lazaruses legar ni uuâri
giduan im te dôðe, ‘ac thar scal drohtines lof’, quathie,
‘gifrumid uuerðan: nis it im te ôðron frêson giduan.’
Uuas im thar thuo selƀo suno drohtines
tuâ naht endi dagas. Thiu tîd uuas *thuo genâhit,*
that hie eft te Hierusalem Iudeo liudeo
uuîson uuelda, sô hie giuuald habda.
Sagda thuo is gisîðon suno drohtines,

3951–4017 thiu *fehlt M.*

3962 hêlagun uuord] uuord nelag *Piper, Franck, AfdA* 25, 27, soðun uuord *Rieger, ZfdPh* 7, 20. sinnon uuell *C*] wel sinnon *Heyne*, wel simbla *Rückert*, helpan sinnon well *Grein, Gm.* 11, 214, helpan sinnon *Sievers Anm.*, sinnon uuel uuesan *Franck, AfdA* 25, 27, simlun uuell manon *Piper*, hafton uuel *Martin, ZfdA* 40, 126, herdian wel *Holthausen (briefl.)*.

3971 sia im te uuaron thuo *Heyne*] thuo sia im te uuaron *C.*

3973 *vgl. Roediger* 282.

3981 genahit thuo *Heyne, Rückert.*

that hie eft oƀar *Iordan* Iudeo liudi
suokean uuelda. Thuo sprâcun im sân angegin
iungron sîna: 'te huî *bist* thu sô gern tharod', quaðun sia,
'fro mîn, te faranne? Ni that nu furn ni uuas,
that sia thik thînero uuordo uuîtnon hogdun,
uueldun thi mid *stênon starcan auuerpan? nu thu eft undar thia*
fundos te faranne, thar ist fiondo ginuog, ⌊*strîdigun thioda*
erlos oƀarmuoda?' Thuo *ên thero tueliƀio,*
Thuomas gimâlda – uuas im githungan mann, ⌈quathie,
diurlîc drohtines thegan –: 'ne sculun uui im thia dâd lahan,'
'ni uuernian uui im thes uuillien, ac uuita im uuonian mid,
thuoloian mid *ûsson* thiodne: that ist thegnes cust,
that hie mid is frâhon samad fasto gistande,
dôie *mid* im thar an duome. Duan ûs alla sô,
folgon im te thero ferdi: ni lâtan ûse *ferah* uuið thiu
uuihtes uuirðig, neƀa uui an them uuerode mid im,
dôian mid ûson drohtine. Than lêƀot ûs thoh duom after,
guod uuord for gumon.' Sô uurðun thuo iungron Cristes,
erlos aðalborana an *ênfalden* hugie,
hêrren *te* uuillien. Thuo sagda hêlag Crist
selƀo is gisîðon that aslâpan uuas
Lazarus fan them legare, 'haƀit thit lioht ageƀan,
ansueƀit ist an selmon. Nu uui an thena sîð faran
endi ina auuekkian, that hie muoti eft thesa uuerold sehan,
libbiandi lioht: *than* uuirðit iuuua gilôƀo after thiu
forðuuerd gifestid.' Thuo giuuêt hie im oƀar thia fluod thanan,
thie guodo godes suno, anthat hie mid is iungron quam

3985 Iordane *Rückert.*

3987 bist *Rieger, Leseb. S.* 29] *fehlt C.*

3990 *Rieger, Leseb.* 29, *setzt Cäsur nach* stenon, *beginnt mit* nu *eine neue Langzeile, deren erster Halbvers bis* thioda *reicht; statt des zweiten Lücke.*

3992 ên thero tueliƀio *Heyne*] thero tuelifio en *C;* en thero tueliƀio tho *Rückert,* thero tuelifio en, *davor eine Lücke von zwei Halbversen Rieger, Leseb.* 29.

3994 durlic *C.*

3996 ûson *Heyne*] usses *C.*

3997 *vgl. Kock, ZfdA* 48, 203.

3998 mid *fehlt C.*

3999 fera *C.*

4002 guoduuord *Heyne, Rieger, Rückert.*

4003 enuualden *C.*

4004 te *Rieger, Leseb. S.* 30] *fehlt C, vgl. Grein, Gm.* 11, 214; *Schumann, Gm.* 30, 73.

4006 *Sievers Anm. will die direkte Rede bereits mit* Lazarus *beginnen; vgl. Roediger* 287.

4009 thann *C.*

thar te Bithaniu, barn drohtines
selƀo mid is gisîðon, thar thia gisuester tuâ,
Maria endi Martha an muodkaron
sêraga sâtun. Uuas thar gisamnot filo
fan Hierusalem Iudeo liudo,
thia thiu *uuîf uueldun uuordun fruoƀrean,
that sie sô ni *karodin* kindiungas dôđ,
Lazaruses farlust. Sô thô the landes uuard
geng an *thiu* gardos, sô uurðun thes *godes* barnes
kumi thar gikûðid, that he sô craftig uuas
bi theru burg ûten. Thô im bêðiun uuas,
them uuîƀun sulik uuillio, that sie im uualdand *tô*,
that friðubarn godes, farandien uuissun.

XLIX.

Thô them uuîƀun uuas uuilleono mêsta
cumi drohtines endi Cristes uuord
te gihôrienne. Heoƀandi geng
Martha *môdkarag* uuið sô mahtigne
uuordun uuehslan endi uuið uualdand sprak
an iro hugi hriuuig: 'thar thu mi, hêrro mîn', quað siu,
'neriendero bezt, nâhor uuâris,
hêleand the gôdo, than ni thorfti ik *nu* sulic harm tholon,
bittra breostkara, than ni uuâri nu mîn brôđer dôd,
Lazarus fan thesumu liohte, ac he *imu mahti* libbien forð
ferahes gefullid. Ik thoh, frô mîn, te thi
liohto gilôƀiu, lêriandero bezt,
sô hues sô thu biddien uuili berhton drohtin,
that he it thi sân fargiƀid, god alomahtig,
giuuerðot thînan uuillean.' Thô sprak eft uualdand Krist
theru idis *anduuordi:* 'ni lât thu thi an innan thes,' quað he,
'thînan seƀon suerkan: ik thi seggian mag
uuârun uuordun, that thes nis giuuand ênig,
neƀu thîn brôđer scal thurh gibod godes,

4017 *Mit* uuif *setzt M wieder ein.*
4018 karodun *C.*
4020 thia *C.* godes *fehlt C.*
4023 tô *Sievers*] krist to (crist tuo *C*) *MC.*
4028 mo:karag *(rad.) M.*
4032 nu *fehlt M.*
4034 mathi im *C.*
4040 anduuirdi *C.*
4043 Ne *C.*

thurh drohtines craft fan dôđe astanden
an is lîchamon.' 'All hebbiu ik gilôƀon sô', quað siu,
'that it sô giuuerðen scal, sô huan sô thius uuerold endiod
endi the mâreo dag oƀar man ferid,
that he than fan erðu scal up astanden
an themu *dômes* daga, than uuerðad fan dôđe quica
thurh maht godes mankunnies gehuilic,
arîsad fan restu.' Thô sagde *rîkeo* Krist
theru idis alomahtig oponun uuordun,
that he selƀo uuas sunu *drohtines,*
bêðiu ia lîf ia lioht liudio *barnon*
te astandanne: 'nio the *sterƀen* ni scal,
lîf farliosen, the hêr gilôƀid te mi:
thoh ina eldibarn erðu bithekkien,
diapo bidelƀen, nis he dôd thiu mêr:
that flêsk is bifolhen, that ferah is gihalden,
is thiu siola gisund.' Thô sprak imu eft sân angegin
that uuîf mid iro uuordun: 'ik gilôƀiu that thu the uuâro bist', quað siu,
'Krist godes sunu: that mag man antkennien uuel,
uuiten an thînun uuordun, that thu giuuald haƀes
thurh thiu hêlagon giscapu himiles endi erðun.'
Thô gefragn ik that *thar thero idisio quam* ôðar gangan
Maria môdkarag: gengun iro managa aftar
Iudeo *liudi.* Thô siu themu godes barne
sagde sêragmôd, huat iru te sorgun gistôd
an iro hugi harmes: hofnu kûmde
Lazaruses farlust, liaƀes mannes,
griat gornundi, antat themu godes barne
hugi uuarð gihrôrid: hête trahni
uuôpu *auuellun,* endi thô te them uuîƀun sprac,
hêt ina thô lêdien, thar Lazarus uuas
foldu bifolhen. Lag thar ên felis bioƀan,
hard stên behliden. Thô hêt the hêlago Crist

4049 domos *M.*
4051 riki *C; Heinrichs, Studien* 73.
4053–54 drohtines bediu ‖ *Rieger, ZfdPh* 7, 30.
4054 ge lioht ge liƀ *C.* barno *M.*
4055 astereban *C.*
4062 uualdandes suno, crist alouualdo *C;* uualdandes suno Krist *Rückert.*
4065 thar *fehlt C.* theru idisiu *M.* idiseo | quam *Heyne, Rückert.*
4067 liudio *C.*
4073 anuuillun *C.*
4075 fuldu *C.*

antlûcan thea *lêia,*   that he môsti that lîk sehan,
hrêo scauuoien.   Thô ni mahte *an* iro hugi mîðan
Martha for theru menegi,   uuið mahtigne sprak:
'frô mîn the gôdo', quað siu,   'ef man thene felis nimid,
thene stên antlûkid,   than uuâniu ik that thanen stank kume,
unsuôti suek,   huand ik thi seggian mag
uuârun uuordun,   that thes nis giuuand ênig,
that he thar nu bifolhen uuas   fiuuuar naht endi dagos
an themu erðgraƀe.'   Anduuordi gaf
uualdand themu uuîbe: 'huat, *ni* sagde ik thi te uuârun *êr*', quað he,
'ef thu gilôƀien uuili,   than nis nu lang te thiu,
that thu hêr antkennien scalt   craft drohtines,
the mikilon maht godes?'   Thô gengun manage tô,
afhôƀun harden stên.   Thô sah the hêlago Crist
up mid is ôgun,   ôlat sagde
themu the these uuerold giscôp,   'thes thu mîn uuord gihôris', *quað he,*
'sigidrohtin selƀo;   ik uuêt that thu sô simlun duos,
ac ik duom it be thesumu grôton   Iudeono folke,
that sie that te uuârun uuitin,   that thu mi an *these* uuerold *sendes*
thesun liudiun te lêrun.'   Thô he te Lazaruse hriop
starkaru *stemniu*   endi hêt ina *standen up*
ia fan themu graƀe gangan.   Thô uuarð the gêst kumen
an thene lîchamon: *he* bigan is liði hrôrien,
antuuarp undar themu giuuêdie: uuas imo *sô* beuunden thô noh,
an hrêobeddion bihelid.   Hêt imu helpen thô
uualdandeo Krist.   Uueros gengun tô,
antuundun that geuuâdi.   *Uuânum* up arês
Lazarus te thesumu liohte: uuas imu is lîf fargeƀen,
that he is *aldarlagu*   êgan *môsti,*

4077 hlea *C, vgl.* 2394.
4078 an *fehlt C.*
4079 Marthun *C.*
4084 Thar *C.*
4086 ni *fehlt MC, ergänzt von Behaghel, Gm.* 27, 419; *vgl. Schumann, Gm.* 40, 73.   êr *fehlt C.*
4088 Huat *C.*
4092 quað he *tilgt Rückert; vgl. Sievers, ZfdA* 19, 46.
4093ff. *so Sievers*] sigidrohtin! | selƀo ik uuet || that thu so simlun duos; | ac ik duom it || be thesumu groton | Iudeono folke *Heyne, Rückert.*
4093 self *C.*   sinnon *C.*
4095 thesaro *C.*   sandos *C.*
4097 stemnun *C.*   up (upp *C*) standan *MC.*
4099 he *fehlt C.*
4100 so *fehlt C.*
4103 uuanu *M.*
4105 aldargilagu *C.*   muosta *C.*

friðu forðuuardes. Thô fagonadun bêðea,
Maria endi Martha: ni mag that man ôðrumu
giseggian te sôðe, huô thea gesuester tuô
mendiodun an iro môde. Maneg uundrode
Iudeo liudio, thô sie ina fan themu graƀe sâhun
sîðon gesunden, thene the êr suht farnam
endi sie bidulƀun diapo undar *erðu*
lîƀes lôsen: thô môste imu libbien forð
hêl an hêmun. Sô mag heƀenkuninges,
thiu mikile maht godes manno gehuilikes
ferahe giformon endi *uuið* fîundo *nîđ*
hêlag helpen, sô huemu sô he is huldi fargiƀid.

4109 Mendiodun *M, vgl. Gallée, Gramm.* § 412; Menndun *C.* 4112 erthun *C.* 4116 uuið *fehlt C.* niht *C.*

LVI.

Giuuêt imu thô ût thanen inuuideas gern
Iudas gangan: habde imu grimmen hugi
thegan uuið is thiodan. Uuas thô iu thiustri naht,
suîðo gisuorken. Sunu drohtines
uuas ima *at* them gômun forð endi is iungarun *thar*
uualdand uuîn *endi* brôd uuîhide bêðiu,
hêlagode heƀencuning, mid is handun brak,
gaf it undar them is iungarun endi gode thancode,
sagde them ôlat, *the* thar al giscôp,
uuerold endi uunnea, endi sprak uuord manag:
'*gilôƀiot* gi thes liohto', *quað he,* 'that thit is mîn lîchamo
endi mîn blôd sô same: giƀu ik iu hêr bêðiu samad
etan endi drinkan. Thit ik an erðu scal
geƀan endi geotan endi iu te godes rîkie
lôsien mid mînu lîchamen an lîf êuuig,
an that himiles lioht. Gihuggeat gi *simlun,*
that gi *thiu fulgangan,* thiu ik an thesun gômun dôn;
mâriad thit *for* menegi: thit is mahtig thing,

4632 an *C. Komma nach* thar *Rükkert.*
4633 end *C.*
4636 them *C;* them the *Wilhelmy S.* 37.
4638 gilobiot *M, vgl. Gallée, Gramm.* § 412. quað he *fehlt M.*
4643 sinnon *C.*
4644 that *C.* fulgangad *M.*
4645 for thero *C; vgl. Behaghel, Gm.* 27, 420.

mid thius sculun gi iuuuomu drohtine   diuriða frummien,
habbiad thit mîn te gihugdiun,   hêlag biliði,
that it eldibarn   aftar lêstien,
uuaron an thesaru uueroldi,   that that uuitin alle,
man oƀar thesan middilgard,   that it is thurh mîna minnea giduan
hêrron te huldi.   Gehuggiad gi *simlun,*
hueo ik iu hêr gebiudu,   that gi iuuuan brôðerskepi
fasto *frummiad:*   habbiad ferhtan hugi,
minniod iu an iuuuomu môde,   that that manno barn
oƀar irminthiod   alle farstanden,
that gi *sind* gegnungo   iungaron mîne.
Ôk scal ik iu cûðien,   huô hêr uuili craftag fîund,
hetteand herugrim,   umbi iuuuan hugi niusien,
Satanas selƀo: he cumid iuuuaro seolono herod
frôkno frêson.   *Simlun* gi fasto te gode
berad iuuua breost*githâht:*   ik scal an iuuuaru bedu standen,
that *iu* ni mugi the mênscaðo   môd getuîflean;
ik *fullêstiu iu* uuiðer themu fîunde.   Ôk quam he herod giu frêson
thoh imu is uuilleon hêr   uuiht ne gistôdi,   [mîn,
lioƀes an *themu mînumu* lîchamon.   Nu *ni* uuilliu ik iu leng helen,
huat iu hêr nu sniumo scal   te sorgu gistanden:
gi sculun mi gesuîkan,   gesîðos mîne,
iuuues theganscepies,   êr than thius thiustrie naht
liudi farlîða   endi eft lioht cume,
morgan te *mannun.'*   Thô uuarð môd gumon
suîðo gisuorken   endi sêr hugi,
hriuuig umbi iro herte   endi iro hêrron uuord
suîðo an sorgun.   Sîmon Petrus thô,
thegan uuið is thiodan   thrîst*uuordun* sprac
bi huldi *uuið is hêrron: 'thoh thi all thit heliðo folc', quathie,
'gisuîcan thîna gisîðos,   thoh ik sinnon mid thi
at allon tharaƀon   tholoian uuilliu.

4651 simla *C.*
4652 huo *C.*
4653 frummean *C.*
4656 sin *C.*
4659 Satanas selƀo he cumid | *Heyne, Rückert.*
4660 sinnon *C.*
4661 -githahti *C.*
4662 iu *fehlt C.*
4663 fullestiu iu] fullest' iu *Rückert.*
4665 theson *C.*   minen *C.*   ni *fehlt C.*
4670 mannu *M.*
4674 -uuord *C.*
4675 uuið is hêrron *bis* 4740a *einschl. fehlt M.*

Ik biun garo sinnon,   ef mi god lâtið,
that ik an thînon fullêstie   fasto gistande;
thoh sia thi an carcaries   clûstron hardo,
thesa liudi bilûcan,   *thoh* ist mi luttil *tueho,*
ne ik an them bendion mid thi   bîdan uuillie,
liggian mid thi *sô* lieƀen;   ef sia thînes lîƀes *than*
thuru eggia nîð   âhtian *uuilliad,*
frô mîn thie guodo,   ik giƀu mîn ferah furi thik
an uuâpno spil: nis mi *uuerð* iouuiht
te bimîðanne,   sô lango sô mi mîn uuarod
hugi endi *handcraft.'*   Thuo sprak im eft is hêrro angegin:
'huat, thu thik biuuânis', *quathie,*   *'uuissaro* treuuono,
thrîstero thingo: thu haƀis thegnes hugi,
uuillion guodan.   Ik *mag* thi seggian, huô it thoh giuuerðan scal,
that thu uuirðis sô uuêkmuod,   thoh thu nu ni uuânies sô,
that thu thînes thiadnes te naht   thrîuuo farlôgnis
êr hanocrâdi   endi quiðis, that ik thîn hêrro ni sî,
ac thu farmanst mîna mundburd.'   Thuo sprac eft thie man angegin:
'ef it gio an uueroldi', quathie,   'giuuerðan muosti,
that ik samad midi thi   sueltan muosti,
dôian diurlîco,   *than* ne uuurði gio thie dag cuman,
that ik thîn farlôgnidi,   lieƀo drohtin,
gerno for theson Iuðeon.'   Thuo quâðun alla thia iungron sô,
that sia thar an them *thingon mid im*   tholian uueldin.

4681 thuoh *C.*   tueo *C.*
4683 so] sie *C.*   thann *C.*
4684 uuıllia *C.*
4685 fruo *C.*
4686 uuerh *C.*
4688 handcraf *C.*
4689 quath *C.*   uuissaro *Behaghel, Gm.* 21, 14] uuisaro *C.*
4691 mah *C.*
4698 thann *C.*
4701 thingon | mid im *Heyne, Rückert, Rieger, Leseb.* 38.

LIX.

Thô uurðun thes sô *malsce*   môdag folc Iudeono,
thiu hêri uuarð thes sò hrômeg,   thes sie thena *hêlagon* Krist
an liðobendion   lêdian muostun,
fôrian an fitereun.   Thie fîund eft geuuitun

4925 malcse *M.*
4926 helagan *C.*
4927 *fehlt M.*
4928 fordun *M.*

fan themu berge te burg.   Geng that barn godes
undar themu heriscepi   handun gebunden,
drûƀondi te dale.   Uuârun imu thea is diurion thô
gesîðos gesuikane,   al sô he im êr selƀo gisprak:
ni uuas it thoh be ênigaru blôði,   that sie that barn godes,
lioƀen farlêtun,   ac it uuas sô lango biforen
uuârsagono uuord,   that it *scoldi* giuuerðen sô:
bethiu ni mahtun sie is bemîðan.   Than aftar theru menegi gengun
Iohannes endi Petrus,   thie gumon tuêne,
folgodun *ferrane:*   uuas im firiuuit mikil,
huat thea grimmon Iudeon   themu godes barne,
uueldin iro drohtine dôen.   Thô sie te dale quâmun
fan themu berge te burg,   thar iro biscop uuas,
iro uuîhes uuard,   thar lêddun ina uulanke man,
erlos undar ederos.   Thar uuas êld mikil,
fiur an frîdhoƀe   themu folke tegegnes,
geuuarht for themu uuerode: thar gengun sie im uuermien tô,
Iudeo liudi,   lêtun thene godes sunu
bîdon an bendiun.   Uuas thar braht mikil,
gêlmôdigaro galm.   Iohannes uuas êr
themu hêroston cûð: bethiu môste he an thene hof innan
thringan mid theru *thioda.*   Stôd allaro thegno bezto,
Petrus thar ûte: ni lêt ina *the* portun uuard
folgon is frôen,   êr it at is friunde abad,
Iohannes at ênumu Iudeon,   that man ina gangan lêt
forð an thene frîdhof.   Thar quam im ên fêkni uuîf
gangan tegegnes,   thiu ênas Iudeon uuas,
iro theodanes thiuu,   endi thô te themu thegne sprac
magađ *unuuânlîc:*   'huat, thu mahtis man uuesan', quað siu,
'giungaro fan Galilea,   thes the thar genouuer stêd
faðmun gifastnod.'   Thô an forhtun uuarð
Sîmon Petrus sân,   *slac* an is môde,
quað that he thes uuîƀes   uuord ni bikonsti

4932 Gesiðos *fehlt M.*
4934 Leƀan *C.*
4935 scolda *C.*
4938 ferran *C.*
4940 uueldun *C.*
4946 iudeono *C.*
4950 thiod *M, vgl. Kauffmann, PBB* 12, 295.
4951 thar *C.*
4957 unuali *C.*
4960 sleu *C.*

ni thes theodanes   thegan ni uuâri:
mêd is thô for theru menegi,   quað that he thena man ni antkendi:
'ni sind mi thîne *quidi* kûðe,' quað he;   uuas imu thiu craft godes,
the herdislo fan themu hertan.   Huarabondi geng
forð undar themu folke,   antat he te themu fiure quam;
giuuêt ina thô uuarmien.   Thar im ôk ên uuîf bigan
felgian firinsprâka: 'hêr mugun gi', quað siu, 'an iuuuan fiund sehan:
thit is gegnungo   giungaro Kristes,
is selbes gesîð.'   Thô gengun imu sân aftar thiu
nâhor nîðhuata   endi ina niudlîco
frâgodun fiundo barn,   huilikes he folkes uuâri:
'ni bist thu thesoro burgliudio,' *quâðun sie;*   'that mugun uui *an thînumu gibârie gisehan,*
an thînun uuordun endi an thînaru uuîson,   that thu theses uuerodes ni bist,
ac thu bist galilêisk man.'   He ni uuelda thes thô gehan eouuiht,
ac stôd thô endi strîdda   endi starkan êð
suîðlîco gesuôr,   that he thes gesîðes ni uuâri.
Ni habda is uuordo geuuald: it scolde giuuerðen sô,
sô it the gemarcode,   the mankunnies
faruuardot an thesaru uueroldi.   Thô quam imu ôk an themu *uuarbe* tô
thes mannes mâguuini,   the he êr mid is *mâkeo* giheu,
suerdu thiu scarpon,   quað that he ina sâhi thar
an themu berge uppan,   'thar uui an themu bômgardon
hêrron *thînumu*   hendi bundun,
fastnodun is folmos.'   He thô thurh forhtan hugi
forlôgnide thes is *liobes* hêrron,   quað that he uueldi uuesan thes lîbes scolo,
ef it mahti ênig thar   irminmanno
giseggian te sôðan,   that he thes gesîðes uuâri,
folgodi theru ferdi.   Thô uuarð an thena formon sîð
hanocrâd *afhaben.*   Thô sah the hêlago Crist,
barno that bezte,   *thar he gebunden stôð,*
selbo te Sîmon Petruse,   sunu drohtines

4964 sidi *M.*
4965 thea h. *M,* thiu herdisli *C.*
4967 Geng *C.*
4973 quâðun sie *fehlt M.*   an *bis* gi-sehan *fehlt C.*
4980 huarabe *C,* huuarbe *M,* s. 4136.
4981 gimakie *C;* makie *Piper.*
4984 thines *C.*
4986 libes *C.*
4990 ahaban *C.*
4991 *fehlt C.*

te themu erle oƀar is ahsla.   Thô uuarð imu an innan sân,
Sîmon Petruse   sêr an is môde,
harm an is hertan   endi is hugi drôƀi,
suîðo uuarð imu an sorgun,   that he êr selƀo gesprak:
gihugde thero uuordo thô,   the imu *êr* uualdand Krist
selƀo sagda,   that he an theru suartan naht
êr hanocrâdi   is hêrron *scoldi*
thrîuuo farlôgnien.   Thes thram imu *an* innan môd
bittro an is breostun,   endi geng imu thô gibolgan thanen
the man fan theru menigi   an môdkaru,
suîðo an sorgun,   endi is selƀes uuord,
*uuam*scefti uueop,   antat imu uuallan quâmun
thurh thea hertcara   hête trahni,
blôdage fan is breostun.   He ni uuânde that he is mahti gibôtien uuiht,
firin*uuerco* furður   eftha te is frâhon kuman,
hêrron huldi: nis ênig heliðo *sô* ald,
that *io* mannes sunu   mêr gisâhi
is selƀes uuord   sêrur hreuuan,
karon eftha kûmien: ‘uuola crafteg god,’ quað he,
‘that ik hebbiu mi sô foruuerkot,   sô ik mînaro uueroldes ni tharf
ôlat seggean.   Ef ik nu te aldre scal
huldeo thînaro   endi heƀenrîkeas,
theoden, tholoian,   than ni tharf mi thes ênig thanc uuesan,
lioƀo drohtin,   *that* ik io te thesumu liohte *quam*.
Ni bium ik nu thes uuirðig,   uualdand frô mîn,
that ik under thîne iungaron   gangan môti,
thus sundig under thîne gesîðos: ik iro selƀo scal
mîðan an mînumu môde,   nu ik mi sulic mên gesprac.’
Sô gornode   gumono bezta,
hrau *im* sô hardo,   that *he* habde is hêrren thô
leoƀes farlôgnid.   Than ni thurƀun thes liudio barn,
uueros uundroian,   behuî it uueldi god,
that sô lioƀen man   lêð gistôdi,
that he sô hônlîco   hêrron sînes

4997 êr *fehlt C.*
4999 scoldi *fehlt C.*
5000 an *fehlt M.*
5004 uuan- *C.*
5007 -uuerk *M, vgl. Kock, ZfdA* 48, 203.
5008 sô *fehlt C.*
5009 io *fehlt C.*
5010 *vgl. Kock, Jaunts and Jottings S.* 50.
5016 thes *C.*   biquam *C.*
5022 ina *C.*   he *fehlt C.*

thurh thera *thiuun* uuord,   thegno snellost,
farlôgnide sô lioƀes: it uuas al bi thesun liudiun giduan,
firiho barnun te *frumu*.   He uuelde ina te furiston dôan,
hêrost oƀar is hîuuiski,   hêlag drohtin:
lêt ina gekunnon,   huilike craft haƀet
the mennisca môd   âno *the* maht godes;
lêt ina gesundion,   that he sîðor thiu bet
liudiun gilôƀdi,   huô liof is *thar*
manno *gihuilicumu*,   than he mên gefrumit,
that man ina alâte   lêðes thinges,
sacono endi sundeono,   sô im thô selƀo dede
heƀenrîki god   harmgeuurhti.

LX.

Be thiu *nis* mannes bâg   *mikilun bitherƀi*,
hagustaldes hrôm: ef imu thiu helpe godes
gesuîkid thurh is *sundeon*,   than is imu sân aftar thiu
breosthugi blôðora,   thoh he êr bihêt spreca,
hrômie fan is *hildi*   endi fan is handcrafti,
the man fan is megine.   That uuarð thar an themu mâreon skîn,
thegno bezton,   thô imu is thiodanes gisuêk
hêlag helpe.   Bethiu ni scoldi hrômien man
te suîðo fan imu selƀon,   huand imu thar suîkid oft
uuân endi uuilleo,   ef imu uualdand god,
hêr heƀenkuning   *herte* ni sterkit.

5027 thi *M*.
5029 frumun *C*.
5032 the] thiu *C*.
5034 that *M*, *vgl. Ries S.* 70.
5035 huilicumu *M*.
5038 heƀanrikies *M*, *dafür Schröder, ZfdA* 68, 128, *für C noch Bruckner, D. as. Gen. S.* 42.
5039 ist *C*. m. biderbi *M*, mikil um-bitheriƀi *C*.
5040 hagastuodes *C*.
5041 sundeo *M*, sundion *C*.
5043 huldi *C*.
5049 that herta *C*.

LXV.

Thuo uuarð thas thie uurêðo giuuaro,   uuamscaðono mêst,
Satanas selƀo,   thuo thiu seola quam
Iudases an grund   grimmaro helliun –
thuo uuissa hie te uuâren,   that that uuas uualdand Crist,
barn drohtines,   that thar gibundan stuod;
uuissa thuo te uuâron,   that hie *uuelda* thesa uuerold alla
mid is henginnia   hellia githuinges,
liudi alôsian   an lioht godes.
That uuas Satanase   sêr an muode,
tulgo harm an is hugie: uuelda is helpan thuo,
that im liudio barn   lîf ne binâmin,
ne quelidin an crûcie,   ac hie uuelda, that hie quic liƀdi,
te thiu that *firiho* barn   fernes ne uuurðin,
sundiono sicura.   *Satanas giuuêt im thuo,*
thar thes heritogen   hîuuiski uuas
an thero burg innan.   Hie thero is brûdi bigann,
thera idis opanlîco   unhiuri fîond
uuunder tôgian,   that sia an uuordhelpon
Criste uuâri,   that hie muosti *quic* libbian,
drohtin manno   – hie uuas iu than te dôðe giscerid –
uuissa that te uuâron,   that hie im scoldi thia giuuald biniman,
that hie sia oƀar thesan middilgard   sô mikila ni haƀdi,
oƀar uuîda uuerold.   That uuîf uuarð thuo an forahton,
suîðo an sorogon,   thuo iru thiu gisiuni quâmun
thuru thes dernien *dâd*   an dages liohte,
an heliðhelme bihelid.   Thuo siu te iru hêrren anbôd,
that uuîf mid iro uuordon   endi im te uuâren hiet
selƀon seggian,   huat iro thar te gisiunion quam
thuru thena hêlagan mann,   endi im helpan bad,
formon is ferhe: 'ik hebbiu hier sô filo thuru ina
seldlîkes giseuuan,   sô ik uuêt, that thia sundiun sculun
allaro erlo gihuem   uƀilo githîhan,
sô im fruocno tuo   ferahes âhtið.'
Thie segg uuarð thuo an *sîðe*,   antat hie sittian fand

5432 uuellda *C.*
5440 thuo im Satanas giuuet *Ries S.* 117.
5445 quicc *C.*
5451 dâdi *Rückert.*
5460 sîthe *Piper*] sithie *C.*

thena heritogon   an *huaraƀe* innan
an them stênuuege,   thar thiu strâta uuas
felison gifuogid.   Thar hie te is frôhon geng,
sagda im thes uuîƀes uuord.   Thuo uuarð im *uurêð* hugi,
them heritogen,   – huaraƀoda an innan –,
giblôðit briostgithâht: uuas im bêðies uuê,
gie that sea ina sluogin   sundia lôsan,
gie it bi them liudion thuo   forlâtan ne gidorsta
thuru thes uuerodes uuord.   Uuarð im giuuendid thuo
hugi an herten   after thero hêri Iudeono,
te uuerkeanne iro uuillion: ne uuardoda im nieuuiht
thia suârun sundiun,   thia hie im thar thuo selƀo gideda.
Hiet im thuo te is handon dragan   hluttran brunnion,
uuatar an *uuêgie*,   thar hie furi them uuerode sat,
thuôg ina thar for thero thioda   thegan kêsures,
hard heritogo   endi thuo fur thero hêri sprac,
quað that hie ina thero sundiono thar   sicoran dâdi,
uurêðero uuerco: ‘ne uuilliu ik thes uuihtes plegan’, quathie,
‘umbi thesan hêlagan mann,   ac *hleotad* gi thes alles,
gie uuordo gie uuerco,   thes gi im hêr te uuîtie giduan.’
Thuo hreop all saman   heriscipi Iudeono,
thiu mikila menigi,   quâðun that sia uueldin umbi thena man plegan
deraƀoro dâdio: ‘fare is drôr oƀar ûs,
is bluod endi is baneði   endi oƀar ûsa barn sô samo,
oƀar ûsa aƀaron thar after –   uui *uuilliat* is alles plegan’, quaðun sia,
‘umbi thena slegi selƀon, –   ef uui thar êniga sundia giduan!’
Ageƀan uuarð thar thuo furi them Iudeon   allaro gumono besta
hettendion an hand,   an herubendion
narauuo ginôdid,   thar ina nîðhuata,
fîond antfengun: folc ina *umbihuarf*,
mênscaðono megin.   Mahtig drohtin
tholoda githuldion,   sô huat sô im thiu thioda deda.
Sia hietun ina thuo fillian,   êr than sia im ferahes tuo,
aldres âhtin,   endi im undar is ôgun spiuuun,

5461 huaraƀe *vgl. Krogmann, Nd. Jb.* 80, 36.
5464 uuret *C.*
5474 uuêgie *Rückert*] uuagie *C.*
5479 hleot *C.*
5485 uulliat *C.*
5489 narauo *C.*
5490 umbi huarf *Holthausen, Beiblatt z. Anglia* 45, 131.

dedun im that te hoske, that sia mid iro handon slôgun,
uueros an is uuangun endi im is giuuâdi binâmun,
rôƀodun ina thia *reginscaðon,* rôdes lacanes
dedun im eft ôðer an thuru unhuldi;
hietun thuo hôƀidband hardaro thorno
uuundron uuindan endi an uualdand Crist
selƀon settean, endi gengun im thia gisîðos tuo,
queddun ina an cuninguuîsu endi thar an knio fellun,
hnigun im mid iro hôƀdu: all uuas im that te hoske giduan,
thoh hie it all githolodi, thiodo drohtin,
mahtig thuru thia minnia manno cunnies.
Hietun sia thuo uuirkian uuâpnes eggion
heliðos mid iro handon hardes *bômes*
craftiga crûci endi hietun sia Cristan thuo,
sâlig barn godes selƀon fuorian,
dragan hietun sia ûsan drohtin, thar hie *bedrôragad scolda*
sueltan sundiono lôs. Sîðodun Iudeon,
uueros an uuillon, lêddun uualdand Crist,
drohtin te dôðe. Thar mohta man thuo dereƀi thing
harmlîc gihôrian: hioƀandi thar after
gengun uuîf mid uuôpu, uueros *gnornodun,*
thia fan Galilea mid im gangan quâmun,
folgodun oƀar ferruuegos: uuas im iro frôhon dôð
suîðo an soragan. Thuo hie selƀo sprak,
barno that besta endi under bac besah,
hiet that sia ni uuêpin: 'ni tharf iu uuiht tregan', quathie,
'mînero hinferdio, ac gi mid hofnu mugun
iuuua uurêðan uuerc uuôpu cûmian,
tornon trahnon. Noh uuirðið thiu tîd cuman,
that thia *muoder thes* mendendia sind,
brûdi Iudeono, them gio barn ni uuarð

5495 dedum *C.*
5497 *Punkt nach* reginscaðon *Schumann, Gm.* 30, 74] *Komma nach* lacanes *Sievers, Piper, Behaghel.*
5500 Te uuundron *Rückert.*
5505 mahtig *subst. Sehrt S.* 357.
5506 *vgl. Colliander* 556.
5507 buomes *C.*
5508 craftiga *Behaghel, Gm.* 27, 420] craftigna *C.*
5510 thar an hie bedroragad scolda *Holthausen (briefl.)*] thar hie scolda bedroragan *C;* bedroragan scolda *Sievers,* scolda be droragumu *Rieger, ZfdPh* 7, 8.
5515 gnornodun, *wohl Einfluß von ags.* gnornian, *vgl. Basler, Alts. S.* 106.
5524 muoder | thes *Rückert.*

ôdan an aldre. Than gi iuuua inuuid sculun
grimmo angeldan; than gi sô gerna sind,
that iu hier bihlîdan hôha bergos,
diopo bedelƀan; dôð uuâri iu than allon
lioƀera an theson lande than sulic liudio *qualm*
te githolianne, sô hier than thesaro thioda cumid.'

LXVI.

Thuo sia thar an griete galgon rihtun,
an them felde *uppan* folc Iudeono,
bôm an berege, endi thar an that barn godes
quelidun an crûcie: slôgun cald îsarn,
niuua naglos nîðon scarpa
hardo mid hamuron thuru is hendi endi *thuru is* fuoti,
bittra bendi: is blôd ran an erða,
drôr fan ûson drohtine. Hie ni uuelda thoh thia dâd uurecan
grimma an them Iudeon, ac hie *thes* god fader
mahtigna bad, that hie ni uuâri them manno folke,
them uuerode thiu *uurêðra:* 'huand sia ni uuitun, huat sia *duot*', quathie.
Thuo thia uuîgandos giuuâdi Cristes,
drohtines dêldun, dereƀia *mann,*
thes rîken girôbi. Thia rincos ni mahtun
umbi *thena selƀon . . .* samuuurdi *gisprecan,*
êr sia an iro *huaraƀe* hlôtos uuurpun,
huilic iro scoldi hebbian thia hêlagun pêda,
allaro giuuâdio uunsamost. Thes *uuerodes* hirdi

5530 quam *C.*
5533 uppian *C.*
5537 thuru is *getilgt von Heyne, Rückert, vgl. Behaghel, Syntax S.* 235.
5540 thies *C.*
5542 wrethara *Schmeller* II, 139a, *Rieger, Leseb.*] uuretha *C.* duan *Rückert.*
5544 Drohtines *vor* deldun *ergänzt von Grein, Gm.* 11, 215, *dafür* uses drohtines *Wackernagel,* hregil *Hofmann, Gm.* 8, 60, diurlica *Piper, alle mit Cäsur nach* deldun; *vgl. Kock, Streifzüge* 29. mann] liudi *Kauffmann, PBB* 12, 348, ambahtmann *Holthausen (briefl.),* wîgman *Holthausen, Beiblatt z. Anglia* 45, 131.
5546 that selƀon *Heyne, Rückert,* thena selƀon selkon *Köne, Rieger, Wackernagel,* thena slôƀon *Grein, Gm.* 11, 215, thena selƀon giuunst *Roediger,* thana selƀon saban *Piper,* thena selƀon serk *Krogmann, Nd. Jb.* 80, 50. gispracan *C.*
5547 zu huarf *Krogmann, ebd.* 36.
5549 uuerdes *C.*

hiet thuo, the heritogo, obar them *hôbde selbes*
Cristes an crûce scrîban, that that uuâri cuning Iudeono,
Iesus fan Nazarethburh, thie thar neglid stuod
an niuuon galgon thuru nîðscipi,
an bômin treo. Thuo bâdun thia liudi
that uuord uuendian, quâðun that hie im sô an is uuilleon sprâki,
selbo sagdi, that hie habdi thes gisîðes giuuald,
cuning uuâri obar Iudeon. Thuo sprac eft thie kêsures bodo,
hard heritogo: 'it ist iu sô obar is hôbde giscriban,
uuîslîco giuuritan, sô ik it nu uuendian ni mag.'
Dâdun thuo thar te uuîtie *uuerod* Iudeono
tuêna fartalda man an tuâ halba
Cristes an crûci: lietun sia *qualm* tholon
an them *uuaragtreuue* uuerco te lône,
lêðaro dâdio. Thia liudi sprâcun
hoscuuord manag hêlagon Criste,
grottun ina mid gelpu: sâuuun allaro gumono then beston
quelan an themo crûcie: 'ef thu sîs cuning obar all', quâðun sia,
'suno drohtines, sô thu habis selbo *gisprocan,*
neri thik fan thero nôdi endi nîðes atuomi,
gang thi hêl herod; than uuelliat an thik heliðo barn,
thesa liudi gilôbian.' Sum imo ôk lastar sprac
suîðo gêlhert Iudeo, thar hie fur them galgon stuod: [êgan.
'uuah uuarð thesaro uueroldi', quathie, 'ef thu iro scoldis giuuald
Thu sagdas that thu mahtis an ênon dage all teuuerpan
that hôha hûs hebancuninges,
stênuuerco mêst endi eft standan giduon
an thriddion dage, sô is elcor ni thorfti bithîhan mann
theses folkes furðor. Sînu huô thu nu gifastnod stês,
suîðo gisêrid: ni maht thi selbon uuiht
balouues gibuotian.' Thuo thar ôc an them bendion sprac
thero theobo ôðer, all sô hie thia thioda gihôrda,
uurêðon uuordon – ne uuas is uuillio guod,
thes thegnes githâht –: 'ef thu sîs thiodcuning', quathie,
'Crist, godes suno, gang thi *than* fan them crûce niðer,

5550 obde *C.*
5550–51 selbes Cristes || an *Rückert.*
5560 uuerol *C;* uuerode *Rückert.*
5562 quam *C.*
5563 uuaragthreuue *C.*
5568 gisprocan *Rückert*] gisprecan *C.*
5584 thann *C.*

slôpi thi fan them sîmon endi ûs samad allon
hilp endi hêli. Ef thu sîs heƀancuning,
uualdand thesaro uueroldes, giduo it than an thînon uuercon scîn,
mâri thik fur thesaro menigi.' Thuo sprac thero manno ôðer
an thero henginna, thar hie giheftid stuod,
uuan uuunderquâla: 'behuî uuilt thu sulic uuord sprecan,
gruotis ina mid gelpu? stês thi hier an galgen haft,
gibrôcan an bôme. Uuit hier bêðia tholod
sêr thuru unca sundiun: is unc unkero selƀero dâd
uuorðan te uuîtie. Hie stêd hier uuammes lôs,
allaro sundiono sicur, sô hie selƀo gio
firina ni gifrumida, botan that hie thuru theses folkes nið
uuillendi an thesaro uueruldi uuîti antfâhid.
Ik uuilliu thar gilôƀian tuo', quathie, 'endi uuilliu thena landes uuard,
thena godes suno gerno biddian,
that thu mîn gihuggies endi an helpun sîs,
râdendero best, than thu an thîn rîki cumis:
uues mi than ginâðig.' Thuo sprak im eft neriendo Crist
uuordon tegegnes: 'ik seggiu thi te uuâron hier', quathie,
'that thu noh hiudu môst an himilrîke
mid mi samad sehan lioht godes,
an themo paradyse, thoh thu nu an sulicoro pînu sîs.'
Than stuod thar ôc Maria, muoder Cristes,
blêc under them bôme, gisah iro barn tholon,
uuinnan uuunderquâla. Ôc uuârun thar uuîf mid iro
an sô mahtiges minnia cumana –
than stuod thar ôc Iohannes, iungro Cristes,
hriuui undar is hêrren, uuas im is hugi sêrag –
drûƀodun fur them dôðe. Thar sprac drohtin Crist
mahtig te thero muoder: 'nu ik thi hier mînemo scal
iungron befelhan, them thi hier geginuuard stêd:

5592 gibrokan *Holthausen (briefl. Mitteilg.; vgl. Vilmar S.* 50, *Schatz S.* 369: *„beugen"?)*] gibruocan *C; vgl. Grimm zu Elene* 1029, *Grein, Gm.* 11, 216, *Sparnaay, PBB* 60, 385 *(„zimmern"?); Seebold S.* 144; gibrokad *Kock, Jaunts and Jottings* 51.

5604–05 that thu samad mid mi | sehan lioht godes ‖ noh hiudu most | an himilrike *Franck, AfdA* 25, 26.

5605 sehan lioht godes | samat mid mi *Ries S.* 117. samat *C.*

5613 druƀodun fur] druƀoda fur *Sievers Anm.*, druvod untuo *Rieger, Leseb.* 43, *Wackernagel.*

uuis thi an is gisîðie samad: thu scalt ina furi suno hebbian.'
Grôtta hie thuo Iohannes,   *hiet* that hie iru fulgengi *uuel,*
minniodi sia sô *mildo,*   sô man is muoder scal,
idis unuuamma.   Thuo hie sia an is êra antfeng
thuru hluttran hugi,   sô im is hêrro gibôd.

LXVII.

Thuo uuarð thar an middian dag   *mahtig* têcan,
uuundarlîc giuuaraht   oƀar *thesan* uuerold *allan,*
thuo man thena godes suno   an thena galgon huof,
Crist an that crûci: thuo uuarð it cûð oƀar all,
huô thiu sunna uuarð gisuorkan: ni mahta suigli lioht
scôni giscînan,   ac *sia* scado farfeng,
thimm endi thiustri   endi *sô githrusmod neƀal.*
Uuarð allaro dago druoƀost,   duncar suîðo
oƀar *thesan* uuîdun uueruld,   sô lango sô uualdand Crist
qual an themo crûcie,   cuningo rîkost,
ant nuon dages.   Thuo thie neƀal tiscrêd,
that gisuerc uuarð thuo tesuungan,   bigan sunnun lioht
hêdron an himile.   Thuo hreop *up* te gode
allaro cuningo craftigost,   thuo hie an themo crûcie stuod
faðmon gifastnot: 'fader alomahtig', quathie,
'te huî thu mik sô farlieti,   lieƀo drohtin,
hêlag heƀancuning,   endi thîna helpa dedos,
fullisti sô ferr?   Ik *standu* under theson fiondon hier
uundron giuuêgid.'   Uerod Iudeono

5616 uuiss *C.*
5617 hiet *Behaghel, Gm.* 27, 420] anthiet *C.* uuell *C.*
5618 mildo *Wackernagel*] milda *C.*
5621 mahti *C.*
5622 thesa *Heyne.* allan *Rieger, Leseb.* 44] alla *C.*
5626 sia *Heyne*] siu *C.*
5627 sô] skio *Wackernagel* 81. githrusmod *Wackernagel* 81] githismod *C;* githimsod *Schmeller* II, 115b, githrismod *Heyne, Rieger, Leseb.* 44, githismoda *'erlosch' Blümel, PBB* 50, 307, *Holthausen, Beiblatt z. Anglia* 45, 131. neƀal *fehlt C;* uueðar *Heyne, Rieger ebenda,* stuod *Piper.*
5628 uuarð *fehlt C (ebenso Heyne, Rükkert, Rieger, Wackernagel); ergänzt von Sievers, aber als Ende von* 5627 *und Komma danach gesetzt;* was *Grein, Gm.* 11, 216. *Vgl. noch Colliander* 559.
5629 thesa *Piper.*
5633 upp *C.*
5638 standu *Heyne*] stande *C.*
5639 te uundron *Rückert.*

hlôgun is im thuo te hosce: gihôrdun thena hêlagun Crist,
drohtin furi them dôđe   drincan biddian,
quað that ina thurstidi.   Thiu thioda ne latta,
uurêða uuiðarsacon: uuas im uuilleo mikil,
huat sia im bittres *tuo*   bringan mahtin.
Habdun im unsuôti   ecid endi galla
gimengid thia mênhuaton;   stuod *ên* mann garo,
suîðo sculdig scaðo,   thena habdun sia giscerid te thiu,
farspanan mid sprâcon,   that hie sia en êna spunsia nam,
lîðo thes lêðosten,   druog it an *ênon* langan scafte,
gibundan an ênon bôme   endi deda it them barne godes,
mahtigon te mûðe.   Hie ankenda iro mirkiun dâdi,
gifuolda iro fêgnes: furðor *ni uuelda*
is sô bittres anbîtan,   ac hreop that barn godes
hlûdo te them himiliscon fader: 'ik an thina hendi *befilhu*', quathie,
'mînon gêst an godes uuillion;   hie ist nu garo te thiu,
fûs te faranne.'   *Firiho* drohtin
gihnêgida thuo is hôbid,   hêlagon âðom
liet fan themo lîkhamen.   Sô thuo thie landes uuard
sualt an them sîmon,   sô uuarð sân after thiu
uundartêcan giuuaraht,   *that* thar uualdandes dôđ
unqueðandes sô filo   antkennian scolda,
thiadnes êndagon: erða biboda,
hrisidun thia hôhun bergos,   harda stênos clubun,
felisos after them felde,   endi that *fêha lacan* tebrast
an middion an tuê,   that êr managan dag
an themo uuîhe innan   uuundron gistriunid
hêl hangoda   – ni muostun heliðo barn,
thia liudi scauuon,   huat under themo lacane uuas
hêlages behangan: thuo mohtun an that horð sehan

5644 tuo] untuo, *das* un *von ganz junger Hand, C, danach Heyne, Rückert.*
5646 enn *C.*
5649 ênon *tilgt Rückert.*
5652–53 is ni uuelda ‖ so *Piper.*
5654 befilhu *Schmeller* II, 34a] befilliu *C.*
5660 that *Heyne, Wackernagel* 83] thar *C.*
5661 unqueðandero *Rückert.*
5662 thiadnes *Schlüter, Untersuchungen S.* 16, *Anm.*] that is *C;* an is *Sievers,* thena is *Piper; vgl. Behaghel, Gm.* 27, 416.
5664 fehan lacan *C;* fehlakan *Wackernagel* 83.

Iudeo liudi – graƀu uuurðun giopanod
dôdero manno, endi sia thuru drohtines craft
an iro lîchamon libbiandi astuodun
up fan erðu endi uurðun giôgida thar
mannon te mârðu. That uuas sô mahtig thing,
that thar *Cristes* dôð antkennian scoldun,
sô filo thes gifuolian, *thie* gio mid firihon ne sprac
uuord an thesaro uueroldi. Uuerod Iudeono
sâuuun seldlîc thing, ac uuas im iro slîði hugi
sô farhardod an iro herten, that thar io sô hêlag ni uuarð
têcan gitôgid, that sia trûodin thiu bat
an thia Cristes craft, that hie cuning oƀar all,
thes uuerodes uuâri. Suma sia thar mid iro uuordon gisprâcun,
thia thes hrêuues thar huodian scoldun,
that that uuâri te uuâren uualdandes suno,
godes gegnungo, that thar an them galgon sualt,
barno that besta. Slôgun an iro briost filo
uuôpiandero uuîƀo: uuas im thiu uuunderquâla
harm an iro herten endi iro hêrren dôð
suîðo an sorogon. Than uuas sido Iudeono,
that sia thia *haftun thuru thena hêlagon dag* hangon ni *lietin*
lengerun huîla, *than* im that lîf scriði,
thiu seola besunki: slîðmuoda mann
gengun im mid nîðscipiu nâhor, thar *sô beneglida stuodun*
theoƀos tuêna, tholodun bêðia
quâla bi Criste: uuârun im quica noh than,
untthat sia thia grimmun Iudeo liudi
bênon bebrâcon, that sia bêðia samad
lîf *farlietun*, suohtun im lioht ôðer.

5673 upp *C*.
5675 Cristes *Schmeller* II, 19b] crist *C*.
5676 thero thie *Heyne*.
5681 *vgl. Kock, ZfdA* 48, 204.
5690 haftun *Rückert*] haftun man *C*. thuru thena helagan dag *von Heyne und Sievers (Anm.) getilgt; vgl. aber Behaghel, Gm.* 27, 420, *Bruckner, D. as. Gen. S.* 58, lietun *Piper*.
5691 than that *Rückert*.
5693f. *Heyne, Sievers, Piper*] so tuena sculdiga scathon ben. st. *C*; thar so beneglida stuodun ‖ tuena sculdiga scathon | . . . ‖ *Wackernagel* 84, *dasselbe ohne* tuena *Rückert; Hofmann, Gm.* 8, 374 *liest:* thar so bineglida tuena ‖ sculdiga scathon | an crucie stuodun ‖.
5694 thieobos *C*.
5698 farlietun *Sievers*] farlietin *C*.

Sia ni thorftun drohtin Crist dôđes bêdian
furđor mid ênigon firinon: fundun ina gifaranan thuo iu:
is seola uuas gisendid an suođan uueg,
an langsam lioht, is liđi cuolodun,
that *ferah* uuas af them *flêske*. Thuo geng im ên thero fiondo tuo
an nîđhugi, druog negilid sper
hard an is handon, mid heruthrummeon stac,
liet uuâpnes ord *uuundum* snîđan,
that an selbes uuarđ sîdu Cristes
antlocan is lîchamo. Thia liudi gisâuun,
that thanan bluod endi uuater bêđiu sprungun,
uuellun fan thero uuundun, all sô is uuillio geng
endi hie habda *gimarcod êr* manno cunnie,
firiho barnon te frumu: thuo uuas it all gifullid sô.

LXVIII.

Sô thuo gisêgid uuarđ seđle nâhor
hêdra sunna mid hebantunglon
an them druoben dage, thuo geng im ûses drohtines thegan
– uuas im glau gumo, iungro Cristes
managa huîla, sô it thar manno filo
ne uuissa te uuâron, huand hie it mid is uuordon hal
Iudeono gumscipie: Ioseph uuas hie hêtan, [duanun thiod
darnungo uuas hie ûses drohtines iungro: hie ni uuelda thero far-
folgon te ênigon firinuuercon, ac hie bêd im under them folke Iu-
[deono,
hêlag himilo rîkies – hie geng im thuo uuiđ thena heritogon mah-
thingon uuiđ thena thegan kêsures, thigida ina gerno, [lian,
that hie muosti alôsian thena lîkhamon
Cristes fan themo crûcie, thie thar giquelmid stuod,
thes guoden fan them galgen endi an graf leggian,
foldu bifelahan. Im ni uuelda thie folctogo thuo
uuernian thes uuillien, ac im giuuald fargaf,

5703 fera *C.* flêske *Wackernagel* 85] folke *C.*
5706 wundum *C; vgl. Schlüter, Untersuchungen* 69.
5711 gimarcod | er *Rückert.*
5714 *vgl. Schumann, Gm.* 30, 74.
5717 *Bruckner, D. as. Gen. S.* 65.
5719 Iudeno *C.*
5721 folgol *C.*
5728 *vgl. Behaghel, Gm.* 27, 420.

that hie sô muosti gifrummian.   Hie giuuêt im thuo forð thanan
gangan te them galgon,   thar hie *uuissa that godes barn,*
hrêo hangondi   hêrren sînes,
nam ina thuo *an* thero niuuun ruodun   endi ina fan naglon atuomda,
antfeng ina mid is faðmon,   sô man is frôhon scal,
liobes lîchamon,   endi ina an lîne biuuand,
druog ina diurlîco   – sô uuas thie drohtin uuerð –,
thar sia thia stedi habdun   an ênon stêne innan
handon gihauuuan,   thar gio heliðo barn
gumon ne bigruobon.   Thar sia *that godes barn*
te iro landuuîsu,   lîco hêlgost
foldu bifulhun   endi mid ênu felisu belucun
allaro grabo guodlîcost.   Griotandi sâtun
idisi *armscapana,*   thia that all forsâuun,
thes gumen grimman dôð.   Giuuitun *im* thuo gangan thanan
uuôpiandi uuîf   endi uuara nâmun,
huô sia eft te them grabe   gangan mahtin:
habdun im farseuuana   *soroga* ginuogia,
mikila muodkara: Maria uuârun sia hêtana,
idisi armscapana.   Thuo uuarð âband cuman,
naht mid neflu.   Nîðfolc *Iudeono*
uuarð an moragan eft,   menigi gisamnod,
. . . .
rekidun an rûnon: 'huat, thu uuêst, huô thit rîki uuas
thuru thesan ênan man   all gituîflid,
uuerod giuuorran: nu ligid hie uuundon siok,
diopa bidolban.   Hie sagda *simnen, that hie scoldi fan dôðe astandan*
an thriddian dage.   Thius thiod gilôbit te filo,

5730 *Sievers*] uu. th. barn godes *C;* that godes barn wissa ‖ *Heyne, Rückert, Piper,* uuissa thes godes barnes *Franck, AfdA* 25, 26.
5732 an] at *Rückert,*
5738 that godes barn *Sievers, Anm.*] that barn godes *C;* thena godes suno *Holthausen, ZfdPh* 28, 2.
5730b u. 5738b *sind zu kurz, Kauffmann, PBB* 12, 348, *Holthausen, Beiblatt z. Anglia* 45, 131.
5742 armscapana *Schmeller* II, 8b] armscana *C.*
5743 im *Heyne*] *fehlt C.*
5745 huo te them grabe sia eft *Franck, AfdA* 25, 26.
5746 soro gia *C.*
5749–50 Iudeono uuarð ‖ *Müllenhoff.*
5751 *Roediger vermutet Lücke nach* runon, *ebenso Schothorst, Het Dialect der Noord-West-Veluwe, Diss. Utrecht* 1904. *These* 7.
5754 simnen that hie *tilgt Müllenhoff, vgl. Roediger* 288.
5754–55 that hi fan doðe skoldi ‖ astandan thriddian dage *Rückert.*

thit uuerod after is uuordon. Nu thu hier uuardon hêt,
oƀar them graƀe gômian, that ina is iungron thar
ne farstelan an themo stêne endi seggian than, that hie astandan sî,
rîki fan raston: than uuirðit thit rinco folc
mêr gimerrid, ef *sia it biginnat* mârian hier.'
Thuo uuurðun thar giscerida fan thero scolu Iudeono
uueros te thero uuahtu: giuuitun im mid iro giuuâpnion tharod
te them graƀe gangan, thar sia scoldun thes godes barnes
hrêuues huodian. Uuarð thie *hêlago* dag
Iudeono fargangan. Sia oƀar themo graƀe sâtun,
uueros an thero uuahtun *uuannom* nahton,
bidun undar iro bordon, huan êr thie berehto dag
oƀar middilgard mannon quâmi,
liudon te liohte. Thuo ni uuas lang te thiu,
that thar uuarð thie gêst cuman be godes crafte,
hâlag âðom undar thena hardon stên
an *thena* lîchamon. Lioht uuas thuo giopanod
firiho barnon te frumu: uuas fercal manag
antheftid fan *helldoron* endi te himile uueg
giuuaraht fan thesaro uueroldi. Uuânom *up* astuod
friðubarn godes, fuor im thuo thar hie uuelda,
sô thia uuardos thes uuiht ni afsuoƀun,
derƀia liudi, huan hie fan them dôðe astuod,
arês fan thero rastun. Rincos sâtun
umbi that graf ûtan, Iudeo liudi,
scola mid iro scildion. Scrêd forðuuardes
suigli sunnun *lioht.*

5760 sia biginnat it *Behaghel, Gm.* 21, 151, *vgl. ders., IF* 14, 445, sia it biginnat *Sievers Anm.*] sia biginnat *C.*
5764 hælago *C.*
5766 wannon, *zu ae.* won *'dunkel' Trautmann* 130; uuannom *Krogmann, ZfdPh* 77, 232, *Zanni* 47] uuanom *C; so Schmeller, Heyne, Rückert,* uuânum *Piper;* uuânamon *Vilmar* 23, *Sievers Anm., Behaghel-Mitzka, Sehrt.*
5772 thena *Heyne*] the *C;* then *Schmeller.*
5774 hellia dorun *Piper.*
5775 upp *C.*
5782 liaht *Schmeller* II, 81 a] naht *(danach ein Kreuz) C.*

www.ingramcontent.com/pod-product-compliance
Lightning Source LLC
LaVergne TN
LVHW010836120826
845149LV00017B/1478